# …にしてできた漢字

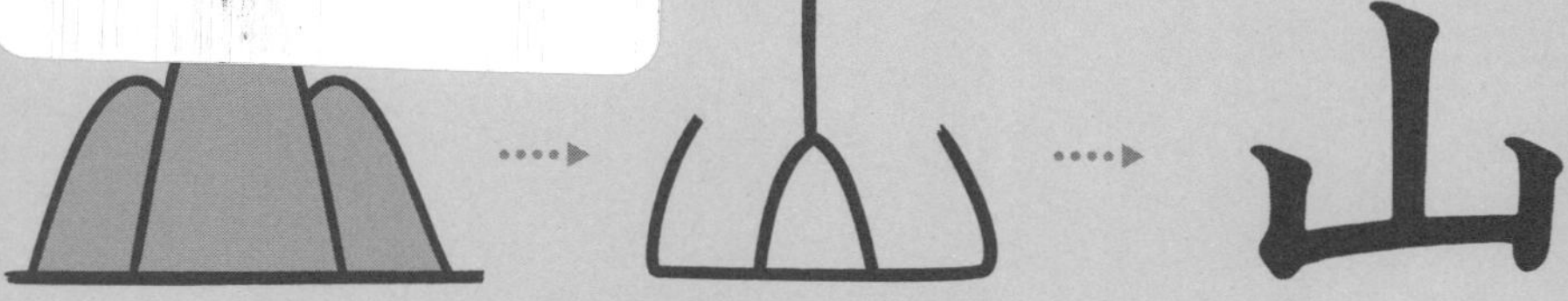


重なりあっている山を遠くからみたかたち

広いたんぼを遠くからみたかたち

土から植物の芽がでたかたち

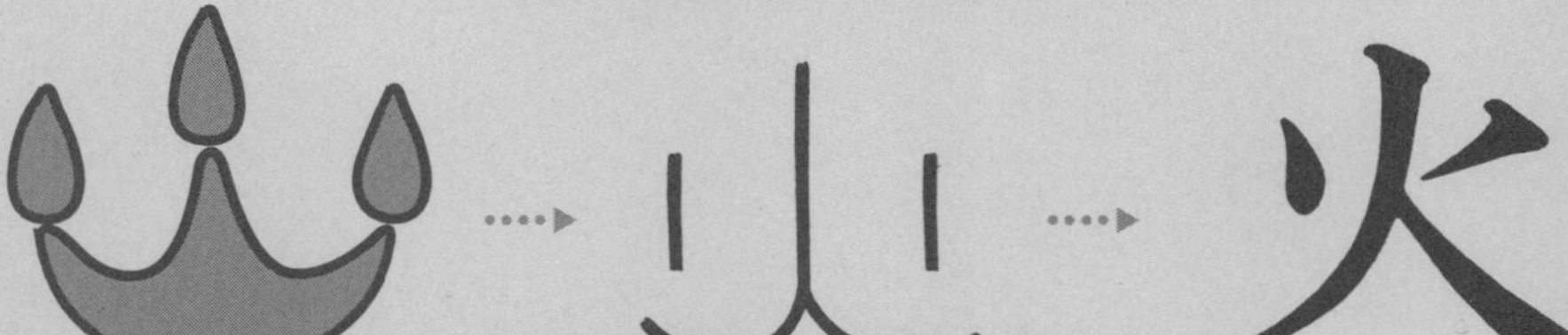


勢いよくもえさかっている火のかたち

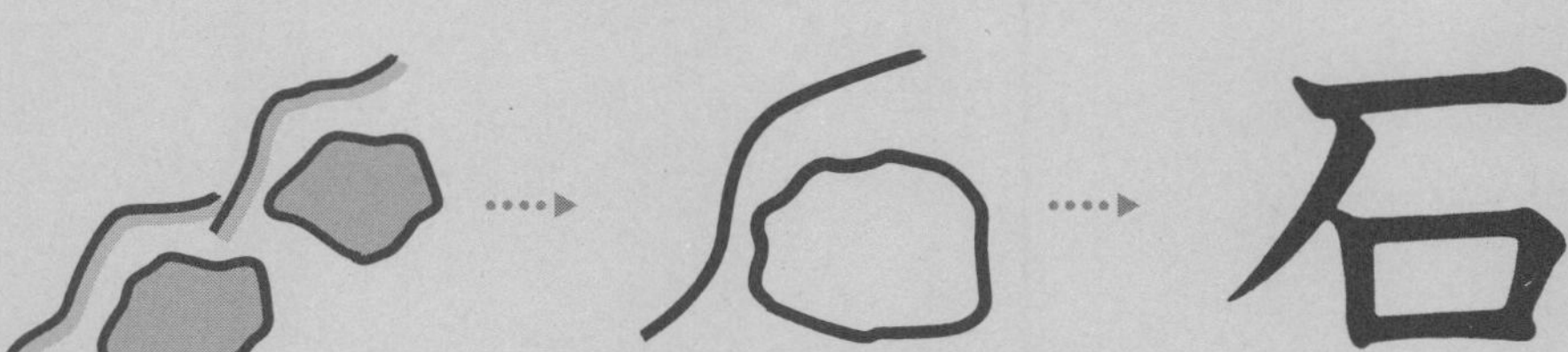


がけ下からゴロゴロでてくる石のかたち

下村 昇の漢字ワールド ④

# 生きている漢字・死んでいる漢字

高文研

現代子供と教育研究所・所長
下村 昇＝著

❖目　次❖

## ④ 悪しきもの、熟語の交ぜ書き表記



## ⑤ 熟語の意味は熟語で理解する

## 第二章　かなの学習と漢字の学習

## 第三章　読める漢字とその考察

## 第四章 書けない漢字とその考察

# 第一章

# 漢字の「読み」と「書き」

## 生きている漢字・死んでいる漢字

# ① 「読み」は理解活動「書き」は表現活動

## 「空っぽ」も「足す」も読めない

二〇〇五（平成一七）年の一月のことでしたが、財団法人・総合初等教育研究所から『教育漢字の読み・書き能力に関する調査と研究』についての発表があり、「三日月」や「水を足す」などという漢字が読めないといって、マスコミや世間を驚かせました。

新聞やテレビは、「赤十字」を「あか十字」としか読めない子供たちを呆れたとばかりに報道するのですが、これが実は、子供たち、いや親たちにもおよんでいる国語政策のまずさの表れだといえましょう。わたしに言わせれば、このことは薄々分かっていたことですし、さほど驚くことではないと思うのです。

その証拠は、「三日月」や「足す」ばかりでなく、各学年の調査結果に表れています。「空」は一年生で習う漢字ですが、この「空」を使って表記した「席が空きました」とか「中は空っぽだ」となると、中学年でも「あく」「からっぽ」と読めないのです。

重ねて言いますが、それは政治・行政、それから教師・親を含めた「日本の教育」のあり方に問題があったからです。ということは、子供を取り巻くわたしたち「大人」が悪かったからです。

もし、一、二年生の教科書で「席が空きました」「中は空っぽだ」という文を表記するとしたら、おそらく「せきが　あきました」「中は　からっぽだ」とひらがなで提出するでしょう。実際、前記、総合初等教育研究所の「読み書き調査」の設問でも、「音」という漢字については「でん車の音」、「式」については「にゅう学式の日」として出題しているのです。なぜ、この研究所が「電車」を「でん車」とし、「入学式」を「にゅう学式」という表記の仕方で提出したのでしょう。それは、「教科書の表記がそうなっている」からなのです。

## 教科書以外の図書の役割

同じことを児童書の出版社はどう表記するでしょうか。おそらく大多数の出版社は、教科書に「右へならえ」といった姿勢でしょう。このような書き方をしている教科書や児童書を、毎日毎日、読まされて育った子供たちは、いつになったら「席が空きました」「中は空っぽだ」「電車の音」「入学式の日」といった書き表し方を目にし、読んだり書いたりすることが出来るようになるのでしょうか。

「空」には「そら」ばかりでなく「あく」とか「から」という「読み」もあり、「あく」は「空く」と書き「から」は「空」と書くことを教科書（学校）で教えないのならば、それを補い助けるのは教科書以外の読み物ということになるのではないでしょうか。

それなのに児童書が教科書に〈**右へならえ**〉をして、教科書の提出の仕方と同じように、何種類かある漢字の読みの一つだけしか表記しないとしたら、子供は、教科書で初めに出した読み以外の音訓読みを、どこで、どんな機会に覚えるのでしょうか。

「三日月」が読めない、「足す」が読めない、「赤十字」が読めないといいますが、勉強というものが教科書に頼るばかりでなく、ほかの図書を活用することも、意図はしていなくても勉強であり、そうした児童図書の役割や重要性も、出版社は知っているはずです。

## ある編集者との会話

児童書のベテラン編集者と雑談をしていたときのことです。

彼は「わたしたちは学参（学習参考書）の出版社ではないし、学校教育の片棒を担ぐつもりもない。また、学習指導要領の範囲内で本作りをするつもりもない」と言うのです。

そうした考えで児童書作りが行われていればすばらしいことですが、これは、内容についてのことでしかないのです。そういう彼の出版社でさえ、文字の使い方・表記の仕方は、学習指導要領の範疇《はんちゅう》（範囲）を出ないのです。

また、ある出版社で漢字のドリル作りをしたことがありますが、そのときも文の作り方と書き表し方の考え方に食い違いが起きました。

わたしは「交ぜ書きの表記は極力避けるように」と注文をつけるのですが、担当者は「社内での取り決めがあり、文部科学省の表記基準に準拠して作成することになっているので、それに従わなければならない」と言うのです。

したがって「外す」は、「はずす」というひらがな表記にしなければならないというのです。わたしは断固反対です。そうならば、わたしに依頼しないでそうした表記の仕方をよしとして支持しているほかの著者に頼めばいいというのが、わたしの言い分です。

わたしの考えはこうです。

「外」は小学校の二年生で習うことになっている漢字です。しかも訓読みとして「そと・ほか・はずす・はずれる」、音読みとしては「ガイ・ゲ」と読むことが出ています。出版社の考えで、「外」を「外《そと》」と読むとき以外すべてひらがな表記にしてしまったら、子供たちは、小学校を卒業するまで「外《はず》す」「外《はず》れる」という表記を見る機会もなくなります。そうすると、「はずす」「はずれる」は、当然のことながら、ひらがな書きにするようになるでしょう。

極端な話、今の子供たちも「はずす」「はずれる」などという言葉は、日常生活の中で自由に使いこなしているのです。それなのに、子供たちは、教科書も含めた児童用図書の中で、「的を外す」「ボタンを外す」「今の投球はボール一個分外れていた」「当たり外れ」などといった表記は見たこともないでしょう。したがって、読む機会もないし、自分で書くことも出来ないでしょう。恐ろしいことです。

## 「書く力」は「読む力」の半分

ずいぶん前から、一般に子供の場合、漢字を「書く」力は「読み」の半分しかないといわれていました。習った漢字の「読み」の出来具合は八五％ほどであり、「書き」は四二％ほどだという調査もありました。

そのことを立証するかのように、親たちは「うちの子は字が書けない」とこぼしています。漢字が書けない、漢字を知らない、作文など書かせてもひらがなばかりで、しかも文字はへたくそだし読むに耐えない……こんなふうに子供は親からも教師からもケチョンケチョンに言われています。

では、そういう大人はどうでしょうか。さすがに大人は日常生活の中で目にする文章が読めないということはないようです。ただし、これは新聞や雑誌などに書かれている文章の場合です。

新聞などでは常用漢字にない漢字を使うときには、その漢字に読みがなを付けてくれてありますから、そんなに読むのに困りません。

ところが「〈書き〉の力」となると、これまた子供ほどひどくはないとしても、あまり自慢できるということほどでもなさそうです。大人は常に使用している文字以外、忘れること（一種の「度忘れ」）が多いのでしょうか。

そういうわけで、わたしの勝手な推測ではありますが、わたしにも一般人レベルでは、大人でも子供でも、「書ける漢字」は「読める漢字」の半分ほどしかないのではないかと思われます。先の、子供の読み書きの出来具合が八五％と四〇％ほどという数字は、かなりの信憑性のある数字だと思われます。

## より積極的な訓練が必要

そこで**「読み」に比べて「書き」ができない原因**は、どんなところにあるのかということを考えてみたいと思います。

話すことであれ、書くことであれ、自分の考えを話したり書いたり、発表したりする、いわゆる「表現」するということは、読んだり聞いたり、「理解」することより、かなり高度な技術を伴う活動です。それだけに、どんな人でも表現能力は理解能力より劣るはずです。これは音楽であろうと、文学であろうと、スポーツであろうとも、「表現活動」といわれているものについては、すべてに当てはまることであり、種々の分野でいえることです。

ですから、こうした力（ここでは話したり書いたりする力）を伸ばすには、より意図的・

積極的な訓練や学習指導（いわゆる〈勉強〉）が必要になります。

本を読む（読書をする）ということは、その本に書かれている事柄を読み取って、「知る」ことですから、それはまさしく「理解活動」ですが、近年の子供の読書傾向をみてみますと、あまり好ましい方向には向かっていないように思われます。

**❶一か月の読書量を読んだ本の冊数でみると、小学生はそこそこ読んでいるようだが、学年が上になってくると本を読まない子供が多くなってくる。**

ある調査によると、小学生で七・四冊、中学生で一・八冊くらいだということです。しかし、これは平均であって、もう少し詳しく言うと、小学生でも低学年の子供たちは、一か月一二冊も読んでいます。それが中学年になると七冊、高学年になると五冊と、学年が上になるにつれて、だんだん読む冊数が減っていきます。そして、中学生になると、その数は一か月に二冊以下となってしまいます。一・八冊というのは一か月に読む本の数ですから、小学生に比べて、今どきの中学生がいかに本を読まないかということがわかります。

そしてさらに、調査は一か月に「一冊も読まない子供」の数を出しています。それをみると、小学生で一〇%、中学生になると四〇%だといいます。この調査例のように、学年が進むにつれて本を読まない子供が増えています。

右は、子供たちの「読む」生活（理解活動）を読書という「読み」の面からだけでみたわけですが、文字を「書く」という生活（表現活動）は、どうなのでしょうか。

## ❷「書く」生活は、読書も含めた読むこと以上に減っている。

子供たちにとって、「書く」生活は（みなさんも予想していることだと思いますが）、本を読む生活以上に減っています。今や子供の生活の中から、紙やノートなどに文字を書くという生活はなくなりつつあるといっても過言ではないでしょう。

紙に書くのは漫画であり、いたずら書きです。子供たちのノートを見てください。小学生の場合、高学年になってくると、昔はもっともっと主体的に教師の説明や話をメモし、いわゆる「ノートをとる」という活動をしたり、帰宅後ノート整理をしたり、教師が教科書の文を視写させたりしたものです。

現在は電話の普及、パソコンやEメールの普及などによって、「話し言葉による活動」（話し聞く・音声言語）はずいぶんと活発になりました。理屈も大人顔負けなくらいに言うようになりました。

それなのに毎日の生活の中で、小学校高学年の子供も教師も、きれいな言葉が使えません。教師の、子供たちに対する言葉遣いもひどいものですが、子供同士の会話もひどいものです。「聞く・話す」などという教育はなくなってしまったのでしょうか。

子供の生活を見ていて、気づくことのいくつかを挙げてみましょう。

①ノートをとることが少ない。
②学校での国語学習の中で、作文指導の機会も減っている。
③個人生活の中で、手紙や日記（交換日記など）を書かなくなった。
④そのかわり、メールなどは普及した。コミュニケーションの種類（手段）が多くなった。

これが実態です。パソコンやメールは「漢字の〈書き〉」の訓練としては、あまり（という より、ほとんど）効果がないのではないでしょうか。やはり基礎学習時代、ことに小学生に必要なのは、旧態依然としての方法ではありますが、鉛筆やその他の筆記具を用いての、手書きによる「書き活動」です。

大人の生活でも「書き言葉による活動」（読む、書くという生活）のうち、「手紙を書く」「日記をつける」（共に手書き文字）などという機会は少なくなっています。そうしたことは（携帯）電話や、Eメールなどに取って代わられてしまいました。ですから、親が文字を書いている姿を子供に見せるということも少なくなってしまいました。

映画館だけは復活の兆しが見えてきたといいますが、出版社は本が売れないと嘆いていますし、図書館で新刊本の購入をリクエストしても、以前のようにおいそれとは、購入してくれないという時代になってしまいました。

個人でも買わない、図書館にもそろっていないということになると、ますます本を読まなくなり、文字も書かなくなるという風潮になっていくのでしょうか。

# ②学年配当漢字にこだわる教科書や児童用図書

## なぜ、ひらがなから教えるのか

さらに教科書を見て、文章の書き表し方が学年配当漢字にこだわりすぎだと思いませんか。これは致し方ないことだという先生もいますが、教科書の文章はひらがな書き、あるいは交ぜ書きの多用です。確かに教科書は特殊な教育資料だという性格上、やむをえない面もあると思います。しかし、この交ぜ書きが日本語表記をダメにするということもあるのです。

小学校一年生でひらがなから先に教えることになったのは、どんな理由からなのでしょうか、そして、いつごろからなのでしょうか。

ひらがな先習方式になったのは戦後のことです。

戦後、新憲法が口語文体になりました。それに伴ってすべての公用文がひらがな書きになりました。日本文がひらがな本位に統一されるようになったわけです。それに付随して、小学校一年生の教科書がひらがなを主体とするようになりました。

昔の教科書は、一年生ではカタカナ文や漢字混じりカタカナ文を使い、二年生から漢字交じりひらがな文になっていました。それが一九四七（昭和二二）年度以降の新教科書から、ひらがな文または漢字交じりひらがな文に変わったのでした。

新憲法および法律文が漢字交じりひらがな文になって、一般社会でもカタカナを用いる機会が少なくなってきたからだというのが理由です。教育は社会の実態に即して行われるべきものですから、それに順応するのは当然だというわけです。

さらに、一般社会に出回る刊行物もひらがな表記になりました。すると、子供のための絵本・雑誌などもひらがなが使われるようになります。一年生の初めからひらがなを教えれば子供たちの読書力を制限することがないし、個人差に応じて、読める子は漢字交じりの程度の高い読書力へと発展させることが可能だというわけです。

いわば、使っている言葉はどんなに難しくても、また、漢字を知らなくても、ひらがなで表記すれば、文字そのものは一年生でも読めるというわけです。一字一字を拾い読みしていたとしても「読めた」と考えるというのでしょうか。

ひらがな書きにすれば子供の読書力を制限することがないといいますが、「赤十字」を「あかじゅうじ」と読む子供に、「せきじゅうじ」あるいは「せき十字」とひらがなで表記したからといって、わたしはその本が読めたことにはならないと思うのですが……。

わたしは前述の「ある編集者との会話」という項の中で、**【範疇】**という言葉を使うことにしましたが、そのとき「『範疇《はんちゅう》』（範囲）」とルビ付きで、おまけに（範囲）とカッコまで付けて表記しました（一〇ページ）。はじめは、この熟語をやめて**【範囲内】**とするか、あるいはカッコを外そうかなと思ったのですが、それは【範疇】の「疇」が常用漢字に指定されていない字だからでした。

しかし、この言葉を「範ちゅう」と交ぜ書きにすれば読み手に理解してもらいやすくなるのでしょうか。あるいは「はんちゅう」とかな書きにすればその意味がわかるのでしょうか。書き手にとっては、こうした言葉の用語・用字はかなり気を遣うものです。

「範疇」という言葉を知らない人は「範ちゅう」と漢字とかなの交ぜ書きで書こうが、「はんちゅう」とひらがなで書こうが、「範疇」の意味はやっぱりわからないと思うのです。

わたしはこの部分の第一次稿を「彼の出版社でさえ、文字の使い方・表記法は学習指導要領の範囲内を出ないのです」と書きました。結局、何度も考えた末に、わたしは本書をお読みくださる方なら【範疇】で十分理解していただけると思ったのですが、念のため、やはりカッコ部分を残しておくことにしました。書き手としては、【範疇】を「はんちゅう」とひらがな書きにしても、こうした悩みは解消するものではないのです。

## 読んでわかるということ

少なくとも「文が読めた」というときに問題なのは、その子供にとって「赤十字」と読めたかどうかではなく、「赤十字」という言葉の概念を知っていて、書かれている内容を読み解いたかどうかです。

スイス人、アンリ・ジュナンの提唱によって一八六四年に創設されたことまでは知らなくても、戦時に傷病者の保護の目的で設立された国際組織であることや、現在では阪神淡路の震災や新潟中越地震の際にも活躍したように、災害救助にも尽力していることや、病院経営、衛生思想の普及なども行っていること、わが国にも日本赤十字社があり、赤十字の組織のしるしとして、白地に赤の十字で表した赤十字のマークがあることくらいは知らなければ、【赤十字】に関する記事の理解にはつながらないだろうと思うのです。そうした知識なくして、文章は読み取れないのではないでしょうか（だからこそ、多くの時間を費して読解指導などという指導が行われます）。

このことは、後でも述べますが、「宝玉」を「ほうぎょく」とひらがなで表記して「ほうぎょく」と声に出して読んだからといって、その子が「宝玉」がわかったということにはならないのと同じなのです。

教科書では「一ばんぼし・証こ・連らく・信らい・比かく」などと書いて、それぞれ「一番星・証拠・連絡・信頼・比較」の意味だと読み取らせるわけですが、こうした交ぜ書きの方法がはたして言葉指導（漢字も言葉です）になり得るのでしょうか。そうしたことについても、後の「対策」の項で詳しく触れるつもりです。

## 子供の本までひらがなが多い

さて、こうした交ぜ書き表記の悪い例は、教科書ばかりではありません。先にも触れたことですが、巷《ちまた》にあふれている児童用図書を見てください。各出版社の子供の本の表記の仕方は、やはり教科書のまねです。学年の配当漢字に忠実です。いわば教科書にならった表記法です。

児童書の編集者は言います。

① 漢字の多い本を作っても「うちの子には難しいとか、この本はまだ早い」と言って、親たちから敬遠されてしまう。売れなければ商売にならない。

これは読者（親たち）におもねっている態度です。さらに、

② 習わない漢字は使わないという、学年配当に準じた教科書の漢字表記が、児童用図書だと思っているのではないか。

と思える面もあります。そうした本に限って総ルビ付きだといったような、これ見よがしな案内が印刷されていたりします。

習った漢字にわざわざルビをつけ、習わない漢字、すなわち、その学年配当にない漢字はひらがな表記にするのですから、「何をかいわんや」と言うところです。

学習指導要領では漢字を提出する場合、漢字そのものは学年配当によって何年生の学習漢

字かということが分けられていますが、その漢字をどんな読みで提出するかといったことまでは制限していません。

「虫」という漢字でいえば、これは一年生の配当漢字であり、「むし・チュウ」と読むことは決まっています。〈虫〉は一年生に漢字で提出しますが、「虫」を「むし」という読みで提出するか「チュウ」という読みで教えるかということは、教科書任せ、出版社任せです。

また、一年生に提出するのに、「訓読み語」（むし）の方が易しくて「音読み語」（チュウ）と読ませるのは、難しいなどといえるでしょうか、それはわかりません。言葉の難易度はそれぞれの言葉によって違うものです。音訓どちらの言葉が難しいか、そうした調査をした人もいないのではないでしょうか。

ともかく文部科学省は漢字の学年配当だけは決めましたが、その漢字をどういう読みで提出するかは教科書会社任せです。ですから「虫」を提出する場合、教科書会社によっては「虫かご」のように訓読みで出すところもあり、「こん虫」「よう虫」のように音読みで出すところもあるといった状況です。

児童用図書と大人用図書とは何が違うのでしょうか。大人向けの文学と子供用との違いは内容やその内容を書き表す書きぶり、中で使う語彙の難易さなどであって、「理解しやすい日本文で書く」という観点では、少しも違うことはないはずです。

## ひらがな表記の本でどんな子供が育つのか

今度は、父母の立場について考えてみましょう。親の意識にも問題がありそうです。親は子供が生まれてから小学校に入学するまでの間、文や文章については、主としてひらがなだけで書かれている本（絵本など）を見せて育てているわけです。親は造る側の出版社と表裏の関係（買って読む側）ですから、ひらがなばかりで書かれた本を買わされていても、そういうものだと思ってしまっているのです。これではどちらが悪いともいえません。

「わが子に読ませる本は、好ましい日本語の表記法で造られている本にしたい。ひらがなばかりで書いてある本ではなくて、日本語の表記法に従って造ってある本を出版してほしい」などと、出版社に申し入れをした人がいるという話も、今までに一度も聞いたことがありません。

熟語を交ぜ書きにしたりしないで、きちんと熟語は熟語として表記してください、などと注文をつけた親がいるなどということも、聞いたことがありません。

もう十数年、いや、二〇年以上も前になるでしょうか、わたしは絵本作家の加古さとし先生とおしゃべりをしていたときに、あつかましくも、持論であるところの「正しい日本語の表記法に従って書く」こと、「見せる」ことの大切さ、必要性について、お話ししたことがあります。

その当時、加古先生はあるテレビ局で、夕方の「奥様ニュース」という番組を担当していて、早速その考えをテレビで紹介してくださいました。そして以後、ご自分の絵本も率先して「漢字で書くべき言葉は漢字で表記する」ことを実践してくださいました。もちろんその漢字にはルビを付けるようにしたのです。例えば『ヤ村のヤ助』（偕成社）などという絵本がそうです。こうした本を造るには、出版社側の編集者の理解と努力も必要になります。

しかし、先生に働きかけをしていただいたにもかかわらず、二〇年たった今日でも、いまだに一般的な絵本はひらがな表記のものが多いというのが現状です。教育の考え方を変えるというのは、思いの外、パワーと長い年月が要ることなのです。なかなか効果の上ることではありません。

ところで、ひらがなばかりで書かれた本を見て、どんな子供が育つのでしょうか。

子供はかなりの情報を絵本から吸収して育ちます。ですから、ひらがなばかり見せられ、ひらがなばかり読まされて育った子供の頭の中にインプットされる文字は、ひらがなでしょう。そして、その子が何かを表現しようとするときに思い浮かべる文字も、当然、ひらがなでしょう。

その成果というべきでしょうか、幼児は小学校に入る前にひらがなの大体が読めて、書けるようになって入学します。

「まきちゃんは　きのう　おとうさんと　かわあそびに　でかけました」という文を、何度も何度も、繰り返し、繰り返し、読んで育った幼児は、「きのう」という言葉、「おとうさん」という言葉、「かわあそび」という「言葉を覚える」と同時に、それらの表記法も「きのう」であり「おとうさんと」であり「かわあそびに」と覚えるのです。

こうして何年間もかけて習い覚えた言葉の書き方を、学校に入って「父」を習い「川」を習い、そして「遊び」という漢字を習ったからといって、即座に漢字かな交じりの「お父さんと川遊びに出かけました」という文に生かせるかというと、そうはいきません。生まれてから入学までの絵本に触れていた四、五年の間に、頭の中にインプットされた表記法は、そうたやすくは崩れないのです。

そうした幼児時代の読書生活が、たとえ、幼児の読書は遊びの中のものだとはいっても、入学後の作文や読み替え漢字などの学習に影響を与えないわけがありません。

大人たちは、親として自分がひらがなべったりの絵本を何年間も見させて育ててきた、そうした誤った育て方が、文章を書く段になって漢字が使えない遠因になり、漢字が読めない原因になっていることに気づかないのです。

それればかりか、わが子の漢字が書けない責任は学校（教師）にある、教師の教え方が下手だからだ、悪いからだと、親は思っているのです。

母親たちの集まりで「お母さん、子供が漢字が使えないと言いますが、それは幼児のころのあなたの育て方に原因があったのですよ」と言っても、「だって、そんな本しかないんだもの」と言うのも親です。

## ③ 書けない漢字は、生活から離れた「死んでいる＝身についていない」言葉

### 「玉」は書けても「ギョク」は書けない

子供たちの漢字が書けない原因はどこにあったのかということを述べてきましたが、漢字が書けなかったのは今の子供ばかりではありませんでしたし、今の子供たちも学校の教師も結構がんばってはいるのです。

調査（テスト）などで、子供の書けない漢字というのは、おおむね読み替え字であったり、テストの設問の仕方や例文に左右されたりしていることがあります。

聞き慣れ、使い慣れている言葉だった場合は書けるが、子供の生活語でない言葉、生きて働いていない言葉（わたしはこうした言葉を「死んでいる言葉」とか「眠っている言葉」といいます）は書くことも出来ないし、使えないのです。

それは、どういうことなのか、冒頭でも紹介した『教育漢字の読み・書きの習得に関する調査と研究』〈(財)総合初等教育研究所による第三回調査二〇〇五年報告〉のデータから掘り起こして、例を挙げて逐次説明していこうと思います。

小学生の読み書きに関する大規模な習得調査の結果としては、この調査が最新のものですし、この研究所が過去二回実施した調査との関連も見られますし、このデータを考察することによって、現在の小学生の漢字習得実態と指導の欠陥、今後のあり方・指導法などを考える、絶好の資料になると思うからです。

まずは、次の調査結果で問題を意識してください。


❖玉（たま・ギョク）について……


二年生に「しゃぼん『玉』」と書かせると…………正答率は九六・七％。

六年生に「めずらしい『宝玉』」と書かせると……正答率は二九・二％。
◆「しゃぼん玉」は日常自分たちが使っている言葉、これは「生きている言葉」です。
◆「宝玉」などという言葉は普段使わない言葉、これは「死んでいる言葉」です。
同じ「玉」という漢字であっても、二年生で九六％以上もの子供が書けた「玉」が、六年生でなぜ三〇％にも満たないほど書けないのでしょうか。

わたしには、この結果は当然だと思えるのです。

六年生に「しゃぼん玉」と書けと出題すれば、すべての子供が書けたでしょう。ではなぜ六年生の成績が悪かったのか。それは書かせようとした熟語が、同じ「玉」という漢字を使っているとはいっても、「しゃぼん玉」ではなくて「めずらしい宝玉」だったからです。

「宝玉」という言葉は、子供にとって、日常使い慣れている言葉ではありません。この場合、「玉」という文字を知らなかったのではなく「ほうぎょく」という「言葉」を知らなかったのです。そしてこの言葉と「宝玉」という漢字、あるいは熟語が結びつかなかったのです。

しかし、だからといって、そんなに「できない、できない」と問題視することがあるのでしょうか。あえて言うならば、わたしは、ここで「宝玉」あるいは「玉」を「ギョク」と読む読み方・書き方ができなくてもいいではないかと思うのです。こんな言い方は無責任で、暴言でしょうか。

ここでは、調査だから、あえて出したのではないかと思うのです。

わたしたちはどんなときに「ギョク」という使い方をしているのでしょうか。試しに「玉」を「ギョク」と読む言葉を抜き出してみましょう。

◆「玉石」(ギョクセキ)　◆「玉露」(ギョクロ)　◆「珠玉」(シュギョク)
◆「玉顔」(ギョクガン)　◆「玉堂」(ギョクドウ)　◆「玉砕」(ギョクサイ)
◆「玉音」(ギョクオン)　◆「金科玉条」(キンカギョクジョウ)
◆「玉石混交(混淆)」(ギョクセキコンコウ)

こうして「玉」を使う熟語を挙げてみても、小学校六年生でこうした言葉を日常使うとは思えませんし、また、こうした言葉は、読んだり書いたり、実際使う機会に接したとき使えるようになっていくものではないかと思うのですが、どんなものでしょうか。

小学生のころに「玉」を「ギョク」と使う言葉（熟語）は、子供の生活の中にそう多くはありません。むしろ皆無だといってもよいかもしれません。右に挙げた熟語は大人なら使う機会もあるでしょうが、子供の生活にはない言葉「死んでいる言葉」あるいは「眠っている言葉」なのではないでしょうか。ですから、「玉」を「ギョク」という「読み」で出題して、「どうだ読めるか、書けるか」というのも、どうかなあと思うのです。

《挙》を出題して《選挙》は書けるのに、「あげる」と出すと書けないという調査結果がありますが、これもそのよい例ではないかと思います。

こうした〈例〉をほかに、いくつか出してみましょう。どれもがうなずけることでしょう。

❖**丸**（まる・ガン）

二年生に「**ねんどを『丸める』**」…………八九・三％（子供の日常生活にある言葉）

六年生に「**みんなが『一丸』となる**」……二三・七％（日常生活にない言葉）

❖**直**（なおす・ただちに）

二年生に「**まちがいを『直す』**」…………九五・五％（子供の日常生活にある言葉）

六年生に「『直ち』に出発だ」……………一五・一％（日常生活にない言葉）

❖挙（キョ・あげる）

四年生に「『選挙』の日」……………六二・二％（子供の日常生活にある言葉）

四年生に「事実を『挙げる』」……………四七・五％（日常生活にない言葉）

❖刷（サツ・する）

四年生に「『印刷』した紙」……………七二・一％（子供の日常生活にある言葉）

六年生に「紙に『刷った』版画」……………一三％（日常生活にない言葉）

## 漢字の指導は言葉の指導

漢字が書けるか、書けないかは、「どんな言葉でその漢字を習うか」ということとも深いかかわりがあります。子供に最初に見せる漢字、提示する漢字、子供が初めて学習する漢字を「初出漢字」といいますが、その漢字をどんな文章の中で、あるいはどんな文として、どんな言葉として提出するか、初出の出し方によって漢字の覚え具合や、テストの出来、不出来が大きく関係してくることに気付いているでしょうか。そうした例を出してみましょう。

❖戸（と・コ）

二年生に「戸をしめる」と書かせると……八八・七％

六年生に「戸外で遊ぶ」と書かせると……六・二％

「戸」の場合、「戸をしめる」は子供にとっても使い慣れている日常語です。しかし、「戸外で遊ぶ」は、ふつう使いません。「おーい、戸外で遊ぼうぜ」などと友達に呼びかける子供はいません。言うならば「おーい、外で遊ぼうぜ」とか「表で遊ぼうよ」です。

### ❖細（ほそい・サイ）

二年生に「細いひも」と書かせると……九二％
五年生に「細心の注意」と書かせると……一一％

「細」の場合、「細いひも」は子供にとって日常語ですが、「細心の注意」はどうでしょうか。こうした言葉を日ごろの生活で使い合っているでしょうか。

考えてみれば、「細心」は使い慣れないというよりも、子供の生活に生きて働いているとはいえない言葉、本などで読むだけの言葉、言い換えると「死んでいる言葉、眠っている言葉」です。

この「死んでいる言葉、眠っている言葉」を生き返らせ、生きた言葉に変えるには、使い慣れ、読み慣れさせることが必要です。そのためにとる手段は、大人との会話や読書によって、「言葉広げ」をさせてやることではないでしょうか。漢語が自由に使えるようになる過程と同じです。

言語生活がもっともっと豊かになれば、いろいろな熟語を自分の身についたものにすることが出来るようになります。

次の例文を見てください。正答率の低い言葉は子供の生活に密着していない、いわば死んでいる言葉です。いつ、どんな機会を捉えて、この死んでいる言葉を自分のものとして生き返らせるか、それが教育というものでしょう。

❖円（エン・まる）
一年生に「百円でかう」……………九六・五％（「百円」は日常語）
四年生に「円い形の葉っぱ」………六・五％（「円い」は「丸い」と混同しやすい）

❖外（ガイ・そと・ほか）
二年生に「外国のしゃしん」…………九一・九％（「外国」や「外」は日常語）
二年生に「外であそぶ」………………九六・四％
六年生に「思いの外むずかしい」……四・九％（「ほか」は、かな書きがふつう）

❖次（つぎ・つぐ）
三年生に「次の文を読む」……………八二・三％（「次の文」は日常語）
三年生に「父に取り次ぐ」……………一〇％（「取り次ぐ」はあまり使わない）

❖社（シャ・やしろ）

二年生に「父の会社」………………九二・四％（「会社」は日常語）
六年生に「村はずれの社」…………一四・七％（「ヤシロ」は使い慣れない言葉）

❖説（セツ・とく）

四年生に「わかりやすい説明」………七七・八％（「説明」は日常語）
五年生に「人を説きふせる」…………一七・九％（「説きふせる」は生活にない言葉）

❖本（ホン・もと）

一年生に「本をよむ」…………………九七％（「本」は日常語）
五年生に「ものごとの本をただす」…四・六％（「本をただす」などと使わない）

## 漢字を教えるときの注意と対策

こうしたことをふまえて（おおげさに「対策」などというほどのことでもありませんが）、漢字を教えるときに意識しておかなければならないことはどんなことなのかを考えて見ましょう。まず真っ先に考えられることは次のようなことです。

それは、何度も言いますが、ふだん子供の目に触れる読み物を、漢字で書くべき言葉は漢字で表記しておくという、日本文の表記の仕方に従って書かれたものを与えることが必要だということです。そうして読み慣れ、使い慣れさせることが大事です。

読めない漢字は書けませんし、使いこなせません。読めるようになって初めて、書けるようになり、使えるようになるのです。「ハイハイ」や「タッチ」や「アンヨ」などの訓練を経ないで歩けるようになる子供がまれなのと同じです。

そうした意味からも、たくさんの書物によって、文章を読ませることは有効です。読めそうもない漢字にはルビをふればよいのです。「まだ習わない字だから」などということを理由にして、ひらがな書きにしてはいけないのです。

数あるひらがな書きの絵本にしても、読者である子供が、もうすでにひらがなを習って知っているからという理由で出版しているのでしょうか。そんなことは、出版社は毛頭考えてもいないでしょう。ただ、幼児の本はひらがな書きにするものだという慣習を守っているだけです。二歳、三歳用の本でさえ「習わないひらがな」ばかりか「まだ習わない言葉」を平気で使っています。例えば絵本の中に「はずみをくらって　ひっくりかえり」(『くまのコールテンくん』(フリーマン文・絵　松岡享子訳/偕成社)という部分があります。「はずみをくらう」などという表現が幼児用の語彙だと思っているのでしょうか。知っている言葉、意味のわかる言葉だと思っているのでしょうか。「幼児にとっては、かなりの難語句だ」と気づきもしないのでしょう。平易な言葉に替えて提示する親切さもなく、本作りをしているように思えます。

とはいっても、子供は、学校で習わない言葉を読書によって覚えることが多いものです。

また、言葉はかなりの部分を家族との会話の中で覚えます。まだ習わない言葉だからといって、幼児語だけで会話をする家庭は少ないでしょう。そして子供同士の遊びの中で覚えます。

そういう生活の中で、子供は知らず知らずのうちに、言葉を覚え、文字を覚えます。それがいいのです。ですから、『くまのコールテンくん』という絵本もこれでいいのです。

「『はずみをくらう』ってどういうこと?」と、子供が聞いたら、「コールテンくんが両手でボタンをひっぱったんでしょう。力いっぱいひっぱったから、ボタンは取れてポーンととんじゃったのよね、それでコールテンくんもひっぱったその勢いでひっくり返ってしまったのよ、ほら、この絵を見てごらん。コールテンくんはこんなかっこうになってるわ。……だから《**はずみをくらって**》っていうのは〈**そのときの思いがけない勢いで**〉ってことなのね」と、教えてあげればよいのです。それなのに、どうして漢字ばかりを特別扱い(別物扱い)に考えて、使用しないのでしょう。

日本では、今後とも、漢字とかなとを使って書き表す文章がなくなることはないでしょう。漢字は日本の言葉を表す文字の一種として、欠くことのできない文字なのです。漢字で言葉を表しているのです。そうしてみると、漢字だけを直接目的とした「漢字学習」は、国語学習に値しないものになります。
漢字は「教えるものではなく、使わせるもの」なのです。だからこそ、「漢字を教える」

のではなく、「漢字で教える」のだと言われるわけです。漢字は、「国語学習の手段にすべきもの」であって、「国語学習の目的とすべきもの」ではありません。そういう意味でいうと、「漢字」という言い方が一考を要するのかもしれません。

## 教師の誤った漢字観

漢字指導について先生方と話をすると、次のような言葉が飛び出てきます。その心情はわからなくもないのですが、何か違っていないかなあと思うところがあります。

**❶漢字は字数が多いから、学習負担がとても大きい。**

漢字、漢字といいますが、実は漢字は「語」（ワード）なのです。「山」が「やま」（英・マウンテン）という言葉であり、「川」が「かわ」（リバー）という言葉を表しているのです。漢字の数が多いといいますが、漢字は「語」ですから（主として「名詞」が多い）、「語」（ワード）だと思えば、日本語だけがたくさんの語を持っているのではなく、人間の暮らしている国ならどこでも持っている言葉数（単語数・語彙数）と、そんなに変わりはないのではないでしょうか。

**❷漢字は字形が複雑なので学習が困難だ。**

これもよく耳にする言葉です。

漢字は表意文字だと言われるとおり、意味を持った「語」ですから、ひらがなやカタカナなどの一字一音の「字」以上の存在でもあるのです。ですから、ローマ字やひらがな、カタカナ以上の複雑な「形」を持つものがあるのは、当然といえば当然でもあります。

文字というものを持たなかったわたしたちの祖先は、いわゆる大和《やまと》言葉といわれる言語を使って、聞き話す活動をしていたことでしょう。ですから、文字という「かたち」で言葉を知ることはありませんでした。

そのうち、中国から輸入された漢字をひたむきに学び、さらにはその漢字を活《い》かして、漢字本来の読みに日本語としての読みをつけて、音訓という読み方を定着させました。

一字一音の用法、漢字の音訓を借りる用法は、八世紀になって古事記、日本書紀、万葉集などで表れ、そうした中で万葉がななどというものまで考案しました。

それればかりではありません。後世、徐々に整理され、カタカナやひらがな、草体・行体などの日本独自の文字をも作り上げて行きました。

こうして大量の漢字が中国から伝来し始めて、やっと日本語の表記が真剣に考え出されていきました。そして、ついには漢字ではないかと思うほどの国字、自ら創作した漢字体の文字まで作り上げました。働（はたら）く、畑（はたけ）、峠（とうげ）、込（こ）む、枠（わく）、榊（さかき）、俤（おもかげ）等がそうです。

こういう歴史を背負っている漢字ですから、それだけに教え方の工夫が必要になります。かなを教えるのと同じように教えていたのでは効果はありません。漢字には漢字の特色があり、教え方があるのですから、ひらがなやカタカナなどの文字指導とは異質のものだということを心得ておきたいものです。

**例1** **歩**—「右足」と「左足」を交互に出して進む形です。ですから「あゆむ・すすむ」という意味があります。

この左足を一歩前に出した形が「止」であり、その「止」の上に、進むべき目標の線を表したものが「正確」の「正」だというわけですが、このような教え方の工夫をすることによって、機械的指導より何倍もの楽しさを感じる授業になります。

さらに、字形が複雑だといいますが、これもそんなに問題にすることはありません。漢字の出来方には形声文字といって、何かと何かを組み合わせて出来ている字が八五％以上もあります。こうした考えで漢字を見ると「基本漢字」と、それらからの「派生漢字」のようなものが浮かび上がってきます。ここの例でいえば「止」を基本漢字として「歩」や「正」や、「出」「整」「歴」などから、さらには教育漢字外の「渉」などまでも「派生漢字」として教えることができます。

こうした漢字の分解法・構成法を理解させておけば、子供は自分でかなり勉強が出来るようになります。すなわち、そうした漢字の勉強のコツを教えておくのがよいです。

字形の複雑な字、画数の多い字も例として出してみましょう。

**例2** **整**―この字を分解すると「束」と「夂」と「正」という三つの部品から出来ていることがわかります。そしてこれらの三つの部品は、それ自体さほど難しいものではありません。

「束」が（木＋口＝木と束ねる輪で「束ねたたきぎ」のこと）
「夂」が（棒を手に持ってたたく意味）
「正」が（一＋止＝停止線と足の形で、進んでいって「止まるべき線」）

この三つの部品の合わせ字だということがわかる目を持たせればよいのです。

そうすれば、【整】の意味は、「木を束ねて不揃いになったところを棒で叩いてきちんと正す」ということであり、君たちの知っている言葉で言えば「整頓」（散らかっているものをきちんと片付けること）とか、「整列」（きちんと列を作って並ぶこと）とか、「整地」（土地をならして固めること、地ならしをすること）などというときの「整」なんだよ、と教えればよいのです。

漢字が複雑で指導が困難だというのは、漢字にこうした構成法があり、こうした意味概念を含んでいるのだということを知らないところからくる誤解ではないかと思うのですがどうでしょうか。ひらがなで「せい」と書いても、カタカナで「セイ」と書いても「整」の意味はわかりません。

## ❸ 漢字にはいくつもの読み方があるので不便だ。

こんなことを言う先生もいました。その先生は、「行」（コウ・ギョウ・アン・いく・ゆく・おこなう）などの例を挙げて、「漢字にはいくつもの読みがあって、だから、教えるのも難しいし、学ぶのも難しい」と言うのです。

確かに一字で何通りもの読みを持つ漢字があります。「生」には一六〇通りもの読みがあるといわれています。「下」も読みの多い漢字です。

しかし、この先生の言う「いくつもの読みがあるから不便だ」とか「難しい」というのは、これは違います。

いくつもの「読み」というのは、いくつもの音訓があるということですが、実は音とか訓というのは「言葉」なのです。「漢字にいくつもの音訓読みがある」というより、「いくつもの言葉の意味を一つの漢字が内包している」のです。

言葉の数は漢字の何十倍、何百倍もあるでしょう。そうした言葉のいくつかを一つの漢字でまかなっているのです。辞典を引くと、一つの漢字に①②③などのようにいくつかの意味と用法が載っている字があります。なぜなのか考えてみればわかることです。

「悟りに到達するための修行」のことを「行」という漢字で表し、「ぎょう」と読みます。そして、「使用する・おこなう」ことを、同じく「行」という漢字で表し、「行使」（「実力行使」など）といいます。「行火」と書けば「こうか」と読み、「火を使用する」ことを表します。また、この「行火」をわが国では、「あんか」と読みます。「中に炭火を入れて手足を温めるもの」で、もとはその器具を持ち歩いたところから当てたものです。

「流れ行く水」のことを「行水」と書いて「こうすい」と読みますが、同じ「行水」を「ぎょうずい」と読めば「神仏に祈る前に水を浴びて身を清めること」です。

こう考えていくと、以下のように、少なくとも四種の言葉の意味概念を「行」一字でまかなっていることがわかります。一字一音のひらがなやローマ字で表記することを考えると、表音文字での表記法のわずらわしさ、たいへんさがよくわかります。

❖行（コウ・ギョウ・アン・いく・ゆく・おこなう）

①すすむ・いく・あるくこと……行程・行進・行楽・逆行・急行 など

②おこない・おこなう・やる・使用する……強行・行事・決行・非行 など

③れつ……改行・行数・行列 など

④みせ……銀行・洋行・行員 など

冒頭に出した「空」でいえば、「空」には「クウ・そら・あく・あける・から」などの読みがありますが、これらはすべて「くう」という言葉であり、「そら」という言葉であり、「あける」という言葉であり、「からっぽ」などというときの「から」の意味を持つ言葉なのです。漢字にいくつもの読み方があるのではなく、**【いくつもの言葉を一つの漢字で兼用している】**のです。

実は、漢字のこの用法は、国語の簡易化・能率化に役立っているのです。

ひらがなの「う」と「ま」と「し」の三文字を教えて、それらを組み合わせて「うし」「うま」と教えるのと、漢字で即「牛」「馬」を教えるのと、どちらがたやすいでしょうか。かな一文字を覚える（教える）時間と労力を漢字の学習に費やしたら、どれほどの表記力が身につくか計り知れないのではないかと思います。

「牛」を「うし」と読み「ギュウ」と読むことが不便でしょうか。「牛の角」であろうと「牛飼い」であろうと「牛肉」「牛乳」「牛舎」「闘牛」などであろうとも、「牛」の下や上の漢字（言葉）の意味がわかればこれらの言葉は理解できてしまいます。

さらには【夫】を「夫」（おっと）としてだけ教えても無意味でしょう。「わたしの夫がね」などというとき以外は……。

「夫」は四年生の配当漢字ですが、四年生では「漁夫」「工夫」「農夫」などという熟語で「フ」という読みを教えるのでしょうが、「夫婦」の場合は「フウ」と読み、「夫妻」の場合は「フ」と読むということになります。

漢字の配当学年と配当漢字の教え方の問題というのは、こうした複雑さを内包しています。それがテストの出題例文とかかわってくることは先にも指摘したとおりです。

また、「延長」を廷長、「決意」を結意、「制度」を政度、「権利」を権理、「実験」を実研や実検のように、誤字や当て字を書く間違いがあります。これでは漢字に対する概念を正確に理解しているとはいえないわけで、漢字の意味を考えずに、いわば表音文字のような感覚で漢字語を書いているとしかいえないでしょう。

失礼ですが、この先生方はふだんどんな漢字指導をしているのでしょうか。

漢字にはいくつもの読み方があるから不便だといいますが、例えば「苦」について――

**例** 苦

①「くるしい」と読み、苦心の「く」と読む（発音も含めて）こと、また「にがい」と読むこともある。

②この文字は「くるしさ」や「くるしみ」を表す文字である。

③これを使った熟語（言葉）には「苦心・苦労・苦情・苦学・苦笑・苦痛」などがある。そして、苦が下につく語としては「労苦・四苦・困苦・辛苦」などもある。

④「苦」に対応する言葉（概念）には「楽」があり、「苦楽をともにする」の「苦楽」。

こうしたことを教えることがなくて漢字指導が済まされてしまうと、「苦」という漢字が単に文字記号や表音記号と同様のものとして習得される危険性があり、漢字は「表意文字」だといいながら、どこに漢字学習の意味や特色があるだろうかと考えてしまいます。

## ④悪しきもの、熟語の交ぜ書き表記

### 読み書き教育の原則

結局、漢字も含めた「言葉の学習」は、一般に言われている通り、

①「言葉の表記法」
②「言葉の発音」
③「言葉の持つ意味内容」

この三者が一体となって完成するものであることを念頭において、指導に当たらなければならないのです。そのことを忘れて、漢字を教えていると思っている教師がいかに多いことでしょうか。漢字の書き取り練習に熱を入れることが漢字指導をしていることだと思っているのではないでしょうか。

こうした考え方を踏まえて、「交ぜ書き表記」を考えてみてください。交ぜ書き表記を多用している本が、どれほど子供をダメにしているかということがわかると思います。

指導のステップということを言うとすれば、わたしも小学一年生の段階で「まちかど」を「町かど」ではなく「町角」と書き、「チョウチョウ」「町ちょう」でなく「町長」と「書け

なければならない」などと要求する気持ちはありません。書けなければ「ちょうちょう」でも「町ちょう」でもよいでしょう。

まず「読む」ことです。読めるようになって初めて書く、これが読み書き教育の原則だと考えます。読み書き同時学習は勧めません。

①そのためには少なくとも、常用漢字の範囲内で、漢字で書くべき字は漢字で表記する。

②そして、読めそうもない漢字には「ふりがな」(ルビ)を活用する。

こうして「読み」の訓練をさせるのがよいと思います。そのために、この「ふりがな」(ルビ)の活用をというのが、わたしの以前からの提案です。

ちなみに主な教科書の表記の中で、次に挙げたようなものは、「ルビつき漢字表記」にすべきだと考えています。

◆一ばんぼし(一番星)　◆き古す(着古す)　◆上ばき(上履き)　◆何かい(何回)
◆証こ(証拠)　◆連らく(連絡)　◆信らい(信頼)　◆比かく(比較)
◆ま法(魔法)　◆えん助(援助)　◆図かん(図鑑)　◆紹かい(紹介)
◆後かい(後悔、これなどは「誤解」と間違いやすい)

# 新出漢字の読みは「音」か「訓」か

漢字には音読みと訓読みがありますが、学校（教科書）で扱う文章中、熟語の表記は文部科学省の学年別漢字配当に準拠して行われています。けれども、先にも述べたように、文部科学省はどの漢字は訓読みで教え、どの漢字は音読みで教えるかということまでは決めていません。

実際問題として「虫」を音読みで「チュウ」と読ませれば、書かせるときの用例としては「幼虫」「昆虫」「害虫」などという言葉を使うことになるでしょう。そのとき「こん虫」「よう虫」「がい虫」と表記して提示するのがよいでしょうか。「昆虫《こんちゅう》」「幼虫《ようちゅう》」「害虫《がいちゅう》」のように表記して、ルビを付しておくのがよいのでしょうか。

ちなみに「幼」は六年配当漢字ですし「混」は五年配当漢字ですが、昆虫の「昆」は教育漢字に入っていません。「害」は四年配当漢字です。だからといって、子供に読ませる本などで「こん虫」「よう虫」という表記するのは、嫌な表記、そぐわない表記だと思いませんか。

広い意味で、教育という観点からすると、一年生であろうと大人であろうと、日本語の表記の仕方としては「ヨウチュウ」という言葉は、書くならば「幼虫」と書くのであって、「よう虫」ではありません。「ヨウチュウ」は「幼虫」と書いて「ようちゅう」と読むのだと教えるのが教育というものではないでしょうか。

こういうと「そうかなあ」と疑問に思う人がいるかもしれませんので、もう一つ、日本中の教師の教え方の間違いの例を出してみましょう。

漢字の「行」を子供たちに「なんと読むか」と問うと、「い」と答えます。「歩」は「ある」と答えます。なぜでしょうか。「行く」と表記したときの「い（く）」だからであり「歩く」と書いたときの「ある（く）」だと教えるからです。

「いく」は書くときは「行」に送りがなの「く」を添えて「行く」と書くのが決まりであり、訓読みで読むならば「行」一字でも「いく」と読むのだと教えないからです。「歩」も同じです。「あるく」を漢字で書くならば「歩く」であり、読むときは「歩」一字で「あるく」と読むのです。これが送りがなのある字の読み書きの教え方です。

それと同じで「ヨウチュウ」は、書くときは「幼虫」と書き、読むときは「ようちゅう」と読むのだと教え、「チョウナイカイ」は、書くときは「町内会」と書き、読むときは「ちょうないかい」と読むのだと教えればよいのです。学校の先生は、そういう教え方がなぜ出来ないのでしょうか。自作のテストをしっかりした考えで作らず、市販の書き取りテストの形式をまねたり、業者テストに依存していることも一因なのではないでしょうか。

大上段に振りかぶった言い方が許してもらえるならば、「教育とは何か」ということに対する考え方の未熟さ、あるいは放棄の姿勢です。その表れが一年生での「一番星」が「一ばんぼし」になるのです。「一番星」の「番」と「星」は二年生の配当漢字だからというのが理由です。こうしたおかしな表記は枚挙に暇《いとま》がありません。

学校教育は学校の中の教育でしかなく、いわゆる世間で通用する「教育」ではないのです。それに輪をかけて、学校教育がそうだからといって、こうした交ぜ書き表記をしている児童書がたくさんあります。子供はこうした交ぜ書き表記の本を、生まれてから八年も一〇年もの間、読まされ、見せられて育つのです。「援助」を「えん助」「えん助」と見せられて育った子供の頭の中には「えん助」という表記がインプットされます。したがって、「エンジョ」という「言葉」を聞いたときに想起する表記文字は「えん助」なのです。

そうした子供が、「えん助」は「援助」と書くのが正しい日本語の書き方だったのだと知るまで、何年かかるのでしょうか。この伝で行くと小学校を卒業してからでなければ「援助」と書くことを知らないで終わってしまいかねません。

ところが、若い女性や、中・高校生などの間で援助交際というのが話題になり、マスコミでも取り上げられるようになりました。しょっちゅう「援助交際」についての記事や文字が目につくようになり、流行のパターン通りに「援交」と縮めて表記されます。

そのために、小学生でも「援助交際」という文字を読んだり書いたりできますし、「援交」と口の端に上るようになりました。皮肉なことに、「援助交際」という文字を教えたのはマスコミだったといえるかもしれません。

こうした子供に育てた責任は国にあり教育行政にあり、さらには無批判にそれに迎合している大人たちの「言葉の表記に関する考え方の安易さ」にあります。ことに子供の教育に直接的・間接的に携わっている教育関係者や出版社などの考え違いがそこにあります。「気持ち」は二年生の教科書で「気もち」、「紹介」は六年生の教科書で「紹かい」と表記するなどという、こうしたばかげたことは即刻やめて欲しいものです。

## あるネットから

こうした交ぜ書きに対して嫌だといい、反対をするのは、わたしばかりではありませんし、心ある人たちがたくさんいます。交ぜ書き表記の弊害は子供の問題ばかりでもありません。大人社会、ことに新聞・テレビのテロップなどでも盛んに行われているのです。

次を読んでみてください。これはインターネット上のあるスレッド（thread）に載っていたものですが、鋭い問題提起ではなかろうかと思います。

①「狼狽」や「熾烈」を使わないようにすれば「狽」や「熾」という字を覚える必要はないが、そのかわりといって「ろうばい」「し烈」「安ど」「えい航」「完ぺき」「こう配」「こん身」「同せい」「はく離」「復しゅう」「僧りょ」「花き栽培」「は種」「ら致」「すい星」「けん引」

などと書かれたのでは、音読みなのか訓読みなのか、文章の前と後ろ、どっちにつながっているのか、すぐさま判断しづらい場合もある。

慣れてしまえば表音文字の何倍も認識が早いのが表意文字の利点なのだが、その特徴を殺してしまったのでは本末転倒ではなかろうか。

② 次も一連の交ぜ書き批判ですが……、

「い子」「し子」「な子」「で子」「か子」、あなたはこれをどう読みますか。

というより、この交ぜ書きがどんな熟語なのか読めますか。

正解は「椅子」「獅子」「茄子」「弟子」「菓子」だというのですが、こうして漢字で書かれて初めて「なるほど」と納得してしまいます。笑い事ではないのです。

③ 次にもう少し「交ぜ書き」言葉の表記に関するスレッドを見てみましょう。交ぜ書きがどのように使われているか、よくわかります。

◆過食おう吐

◆今NHK教育で「けいつい・つい間板ヘルニア」「せき髄」と出てきた。

◆NHKのニュース字幕で「造けい」→（造詣）と出ていた。という事は、初詣も「初もうで」になるのかな。

◆頭がい骨開放骨折、左前腕開放骨折、両大腿（たい）骨骨折、左膝（しつ）がい骨粉砕骨折。

◆殺りく↓一貫性無いなあ。
◆（新聞の見出しで）「教え子ひぼうする落書き、教師を逮捕」↓誹謗。
◆（テレビの字幕で）「腱しょう炎」。
◆ありがちだが「覚せい剤」。
◆今日の読売朝刊、「卑きょう」は交ぜ書きで「破綻」はルビ付きだった。どっちかに統一しろよ。できれば後者に……。
◆勝どき駅　ひたちなか市　あきる野市　さいたま市
◆同じ記事の中に「戦慄（せんりつ）の事件」、「手口が残酷、執ようで……」など。
◆「処方せん」↓処方しないのかよ。最近気になる表記はメモしてきた。主に日テレ。
◆今日初めてこのスレを知ったのでとりあえず（重複御免で）晒しますが——
ふる里　脳こうそく　観らん　かっ歩　えん罪　失そう　恐かつ　急きょ　など。
④四字熟語のはずなのに交ぜ書きにされがちなダサい例ってある？
◆あるよ——　「一目りょう然」（一目瞭然）　「玉石混こう」（玉石混交・玉石混淆）
「かん難辛苦」（艱難辛苦）　「四面そ歌」（四面楚歌）　「満身創い」（満身創痍）

インターネットを眺めていると、とても面白いし、参考になり、感心させられることがたくさんあります。飽きることがありません。

読んで見ると、交ぜ書きに対する不自然さがわかろうというものです。あなたはどうお考えでしょうか。上記の書き込みを交換しあった方々に本書で利用させていただいたことを詫びながら、お礼を申し上げます。本書をお読みくださった方々への大いなる啓蒙になったことだと思います。

## 新聞社の言い分

ではなぜ、新聞ではあえて交ぜ書きを使っているのでしょうか。東京新聞のホームページでは次のようにいっていました。

「愛きょう」「苦もん」「混とん」「破たん」など、新聞には漢字とひらがなが交じった言葉がしばしば登場します。それぞれ「愛嬌」「苦悶」「混沌」「破綻」と漢字だけで書けるのに、あえて漢字とひらがなを用いています。こうした書き方を「交ぜ書き」といいます。

いま新聞では、二〇〇語以上の言葉を交ぜ書きにしています。なぜでしょうか。新聞は、国が一九八一年に定めた「常用漢字」（一九四五字）を記事や見出しの基本にしており、嬌、悶、沌、綻など常用漢字以外の漢字は使えないからです。

多くの人がスムーズに読めるようにと用いられている交ぜ書きですが、最近は「漢字だけの方が読みやすい」という指摘も出ています。

こうした声にこたえるため、新聞は前々から交ぜ書きの見直しを進めています。全国の新聞、テレビでつくる日本新聞協会の新聞用語懇談会も一語一語を再検討しています。日朝関係で大きな問題になっている「拉致」という言葉も、最近まで「ら致」と交ぜ書きするか読みがなを添えていましたが、今春、漢字二文字の表記に改めました。

言葉は生き物です。その一つひとつに時代や世相、考え方が映し出されており、新聞も絶えず見直し作業を続けています。

ここでは「国が一九八一年に定めた『常用漢字』（一九四五字）を記事や見出しの基本にして」いて、新聞では「常用漢字以外の漢字は使えないからです」と言いますが、「新聞では常用漢字以外の漢字は使えない」と言うのはウソです。

すでに「こうした声にこたえるため、新聞は前々から交ぜ書きの見直しを進めています」といっているではありませんか。と、いうことは、それらの言葉をほかの言い方に変えて表現しようとするとか、常用漢字以外の漢字を用いる熟語（例・拉致）を使いたいときには、その熟語の表記が常用漢字でなくても、そのまま使おうということではないのでしょうか。例えば「咳の出る病気がはやり始めた」と書くときの《咳》のように。

日本文表記の際、常用漢字の範囲で書くことにしているのは公用文だけです。新聞社が大きな考え違いをしているのです。その大きな考え違いは常用漢字表の「前書き」の読み違い、あるいは思い込み違いだったのではないでしょうか。

「常用漢字以外の漢字は使えない」と、禁止だと読み取っているようです。公共の新聞が常用漢字外の漢字を使って日本文を書いたら発行禁止になるとでも思っているのでしょうか。犯罪だとか、反則だとか、発行停止だとか、そんなことはないのです。あるいはこの新聞社は、わが社の新聞は公用文だと思っているのでしょうか。

常用漢字表の「前書き」の（1）には、「この表は、法令、公用文書、新聞、雑誌、放送など、一般の社会生活において、現在の国語を書き表す場合の漢字使用の目安を示すものである」と書かれていて、常用漢字表は「漢字使用の目安」を示したものであって、常用漢字以外の漢字を使用してはならないとは書かれていません。だからこそ、この新聞社でも、交ぜ書きの見直しを進めることが出来るのではありませんか。

さらに「前書き」（2）には「この表は、科学、技術、芸術その他の各種専門分野や個々人の表記にまで及ぼそうとするものではない」としてあり、（3）では「この表は固有名詞を対象とするものではない」とも書かれています。そして（5）で「この表の運用に当たっては、個々の事情に応じて適切な考慮を加える余地のあるものである」ことを明記しています。

# 漢字は表語文字

この新聞社の決定的な勘違いはどこから起こるのでしょうか。漢字が表語文字だということを忘れて、表音文字と同じような性質の文字だと思っているのではないでしょうか。まさか、そんなことはないとは思うのですが、漢字という文字は一字一字それぞれの「漢字自体が言葉を表す文字だ」ということを忘れているか、知らないのではないかと思ってしまいます。

「拉致」という熟語を「らち」と読めるように、読みがなを添えていたといいますが、こうした言葉の問題点は「拉致」という熟語が読めればよいのではなく、その新聞の記事内容がわかるためには、その言葉の意味がわからなければならないのであり、熟語の表記の仕方、そのことの方が重大なことなのです。

そこに気づかずにこうした言葉を生《き》のまま使う不躾《ぶしつけ》さにあります。例えば読者が「拉致」を知らないかもしれないと思ったら、わかりやすい言葉で表現することも出来るわけですし、「拉致」は「捕らえて連れ去ること」だとわかれば「連れ去り」でも、昔いわれた「人さらい」でも、「拉致」でも同じです。その言葉の読みと意味とが熟してしまえば、交ぜ書きにすることも、ルビを振ることも、意味解釈も不要になるのです。

さらに、「個々の事情に応じて適切な考慮を加える余地」があると明記されていますが、これはどういうことなのでしょうか。端的にいえば、「拉致」と使わなければならない場面では、「拉」が常用漢字外の漢字であっても「拉致」と使ってよいということなのです。

わかりやすいのは、造語、流行語、外来語などの新聞への取り込み方です。これらの言葉を記事に取り入れるとき、どのような配慮をしているでしょうか。「ら致」でなくて「連れ去り」ではおかしいと言うならば、新聞が今盛んに使っている「振り込め詐欺」もおかしい言葉です。「連れ去り」と「振り込め詐欺」との間にどれだけの違いがあるでしょうか。

「漢字だけの方が読みやすいという声が多い」から「国が定めた常用漢字内の用法を破る」、そして「今後は検討しながら常用漢字外の漢字を使う」と言うならば、新聞が日本文の書き方・読み方、そして文字の使い方を知らな過ぎたということなのではないでしょうか。

ひらがなというのは、本来、漢字と漢字とをつなぐ役割を持つ文字です。たとえて極端な言い方をするならば、「海と山と川」という文における「と」(格助詞)のように。

「拉致」という熟語を「拉ち」または「ら致」と書いたりするのは熟語の用法あるいは表記法として邪道です。「拉致」の「拉」にはそれ自体「引っ張って連れて行く」という意味があり、無理に連れて行くことが「拉致」という言葉なのです。また、日本文におけるひらがなの用法も、「拉ち」または「ら致」のように、熟語を漢字とかなと交ぜて書くためのものではありません。

## 5 熟語の意味は熟語で理解する

### 日本語になりきった熟語

何度も言いますが、日本文の書き方は「漢字とかなを交ぜて書く」、その際のかなは「ひらがな」とする、ということになっています。

幼児のころは「ひらがな」ばかりで書き、小学校に入ったら「ひらがなと漢字を交ぜて」書き、大人になったら「漢字だけで」書く、などというのではないのです。子供であろうと、大人であろうと、はたまた、それが外国人であろうとも、日本語で日本文を書くときは「漢字とかなを使って書く」というのが決まりなのです。

では「漢字とかなを使って書く」というのはどういうことなのか。ここでもう一度、おさらいの意味で付け加えておこうと思います。

「町会」や「朝会」(懲戒・聴解・潮解など)を「町かい」「ちょう会」と書くのも、「拉致」を「ら致」と書くのも「漢字とひらがなを使って書いている」ことではないか、というかもしれません。しかし違います。

「町かい」「ちょう会」あるいは「馬脚を露す」というときの「馬きゃく」などといった書

き方を**【交ぜ書き】**といい、こうした書き方は嫌な書き方なのです。

ここでいう日本文の書き方による「漢字とかなを使って書く」というのは、そういうことではないのです。それは当然「漢字で書くべき言葉は漢字で書く」ということなのです。「ちょうかい」は「町会」あるいは「朝会」のどちらかであり、「キノウ　ヤマノボリヲ　シマシタ」という文を書くときは、「昨日　山登りをしました」となります。これが標準表記です。この場合、「昨日」は熟字訓であり、「山登り」は「山のぼり」や「山上り」あるいは「山昇り」でないことはもちろんです。

「熟語」というと、何か難しい漢字を並べた漢字語のような印象を受けるかもしれません。しかし、「熟語」を簡単に定義すれば、漢字が二語あるいはそれ以上結びついて一つの言葉になったものであり、「学校」「校門」あるいは「春風」「売り物」などのように、単語（言葉）としての使い方が固定しているものといったらよいでしょう。熟字・複合語などということもあります。

そもそも、漢字はひらがな、カタカナのような表音文字ではなく、表語文字です。漢字一字でその漢字の持つ意味を表す語（ワード）なのです。熟語というと日本語ではなく、何か特別な言葉（例えば、漢代中国語）だと思うようですが、わたしたちが使う日本語においては、それらはすべて日本語になりきった日本語なのです。それを熟語といいます。

「キノウ」も「ヤマノボリ」も「ガッコウ」も「コウモン」も熟語であり、日本語なのです。「ハルカゼ」も「ウリモノ」も立派な熟語です。少なくとも一年生の子供でも読み書きを別にして考えれば、これらの言葉を難しい言葉だとは思わないと思います。そうして、日本文の書き方の決まりからいえば、これらの言葉を日本文として書くときは、当然、「昨日」「山登り」「学校」「校門」「春風」「売物」（あるいは「売り物」）のように書きます。

## 言葉の認識のさせ方

これらの言葉（漢字）の読み書きについて、子供にどう学ばせ、力をつけさせればよいか、ということが出てきます。その学習法をくわしく説明する余裕がありませんし、わたしの専門分野ではありませんので口出しも出来ませんが、以下に一つの素人考えとして、大雑把《ざっぱ》な考え方（指導順序も含めて）を述べてみようと思います。初期指導の段階を考えるわけですから、対象は四、五歳くらいの幼児か一年生あたりと思っていただくのがよいでしょう。

子供に力をつけさせる指導順序には何通りものコースがあり、これだけというものでないことはご承知のことでしょうから、ここでのあらましを「ああ、こういうコースを考えているんだな」と推測しながら読んでいただきたいと思います。

人によっては、指導順序というと何か堅苦しいことのように考え、それだけで敬遠してしまうかもしれません。でも、嫌がったり敬遠することはありません。「指導順序」などという言葉は、単なる教育用語でしかないのですから。

まず初めに、「漢字の読み書き」というと硬くなりますから、考え方として、日常に見られる姿ですが、幼児が「時計の読み取り」が出来るようになる過程を考えてみましょう。

時計の読み取りも、漢字の読み取りも、指導の基本はなんら変わるものではないことをわかっていただきたいのです。

時計の読みは低学年で学習しますが、子供によっては文字同様、幼児期にすでに「何時何分」と読めるようになってしまっているようです。そういう子供は時計を読み取るために、どんな読み取りの要素を理解し、マスターしたのでしょうか。

時計の読める人を見ていると「何時何分だ」と即座に判断することが出来ます。一見、なんらの段階も経ないで判断しているように見えますが、そうではありません。わたしたちの頭の中では「長針と短針との違いを見分けること」（その中には長針は分を、短針は時を表すことなど）や、「文字盤の数字の識別」（1は一時であり、五分でもあることなど）や「目盛りの刻み方の原則の判断」や、さまざまな思考活動をしているのです。

こうした活動が極めて短時間の間に行われて、その思考過程を猛烈な速さで通過してきているのです。そうして瞬時に読み取っているのです。

「思考しないで時計を読む」ことの出来るわたしたちのこうした状態は、実は先のさまざまな段階における思考過程を、極めて速いスピードで通過して「時計を読む」ということが出来る状態に達しているのです。そうした学習がこの限りにおいては成立し、定着しているのです。

## 漢字指導を阻害するもの

子供の漢字の学習ということも、その学習の成立ということからいえば、漢字あるいは熟語を「日常生活の中で正しく使うことが出来る」状態になることをねらっているわけです。それなのに、先に挙げた「時計の読み」のような、細かな思考過程の段階を踏んで学習してはいないのです。一般的な漢字指導を観察してみると、その指導体系の中にいくつかの問題が潜んでいることがわかります。

国語指導の中で漢字学習に当てる時間的余裕が少ない、したがって練習を学校で教師とともにやらず、家庭での宿題にするとか、指導者側の熱意の問題やら指導力の問題など、取り上げれば数限りないことを先生方は挙げます。

しかしそういうこととは別に、国語指導は毎日行われているのですから、その中で考えなければならないことがあるのではないかと思うのです。

本書は教師だけを意図した本ではありませんから、指導法にまで深入りするのは避けますが、親の側から見ても考えてよい問題だと思いますので、いくつかのことを項目的に簡略に書き記してみます。

**❶国語学習の中のいつ、どこで指導するのかということがはっきりしていない。**

人によっては、その課が終わるまでの間に三回の指導の場がなければならないといいます。その三回の指導の場をあなたならば、「どこで」「どのように」もつでしょうか。

**❷練習の仕方に工夫が足りない。**

ことに最近は書き取りの練習を宿題にしたり、家庭学習にしたりする例が多いともいいます。教師がついていて、どうしても漢字の練習をしなければならないという必要の場に立たせて、はっきりした段階を追って練習をさせる教師がいなくなったともいいます。『これならできる・漢字指導法』（岡篤著／高文研）では「さかのぼり繰り返し」という練習法を工夫し、一日一回書くことを一週間続けるという実践を発表しています。

**❸教科書とは別に練習の計画を立てなければならない。**

漢字というものは発展的にドリル的に学習しなければ忘れてしまいます。教科書やほかの読み物に出てくる回数（頻度数）と書き取りの反応率とは関係があるわけです。漢字によっては、六年間のうちで教科書に一度だけ出てそれでおしまいという漢字もあります。せっかく習った字は忘れないように時々練習させてやらなければ定着しません。そのための工夫はどのようになされているのでしょうか。

### ❹ 漢字の特性を活かした指導の研究が足りない。

漢字は「読む・書く・使う」ということが能力として備わらなければならないものです。また形・音・義を完全に理解しなければなりません。そして言葉として学び、文章に即して学び、文脈に即して意味を理解しなければ正しく使うことはできません。

教師の中にさえ筆順の正しくない書き方をする人はいくらでもいます。字源の知識は使いようによっては、漢字に対する興味や意味の理解に役立てることが出来ます。これらの研究も大事にしてもらいたいものです。

### ❺ 漢字指導についての工夫が足りない。

漢字に限らず、ただ単調な指導は子供の学習興味を失わせます。したがって変化のある指導法を工夫することが大切です。教師自身がいくつくらいの指導パターンを持っているのでしょうか。教科書会社の指導書でまかなう程度では、心もとないものだと思うのですが……。

こうして書いてくると、次から次へと指摘したい事柄が出てきますが、これらの数多い問題は教師やわたしたち大人が、その努力と工夫によって克服していくことが出来ることなのです。とはいうものの、「言うは易く行うは難し」で、なかなか出来ないのが現状のようです。

## 言葉（漢字）の教え方例

ここに到達するまでにずいぶん長い前文を費やしてしまいましたが、ここでは「言葉の認識のさせ方」、すなわちこれらの言葉（漢字）の読み書きについて、子供にどういう方法で力をつけさせればよいか、ということを例示してみようと思います。

ここで述べることは言葉の理解についてですから、ひらがなが確実に読めていて、その言葉の意味内容が理解できていることが前提です。もちろん初出漢字の提示の仕方としては、ルビ付きの提出がお勧めです。そして、できれば、提出の仕方は短語（短文）から長語（長文）へ、一字語から複合語へという進み方がよいのです。

【山】を例にとって、家庭でも出来る方法を一案として記してみます。

例が「山」ですから、対象は小学一年初期程度の子供を想定します。

まず「山」の意味内容を理解させなくてはなりません。

①山というのは、周りの土地よりもはっきりと目だって盛り上がっているところ、高くなっているところだということ。

②場合によっては土や砂などを、①のように盛って作ったもののことも「山」ということがあるということ。

③物が高く盛り上がっているところや、盛り上げたところも山ということ（例えば「み

かん一山三〇〇円」「古タイヤの山」などと使う）。

こうしたところまでの意味理解をさせておくことは必要でしょう。

こうした概念を教えるには絵本や実物や漢字の成り立ちの絵を利用することもありましょうし、親と子との日常の語らいによって理解を深めさせることもあるのだと思います。その際、「山」との対照として「川」（土地の表面の水が細長いくぼみに集まり傾斜に沿って流れているもの）の概念も具体的知識として持たせておきたいものです。

こうしたことを考えると、やはり言い古されたことではありますが、幼児時代に数多くの絵本に親しみ、それらを媒介とした親子の会話や、知識の膨らまし作業の手を抜いてはいけないことだとわかっていただけることだと思います。と同時にひらがなばかりで書かれた本を与えることの弊害もご理解いただけることでしょう。

さて、「山」というものの意味内容がわかり、漢字の「山」を「やま」と読むことを知った（教えた）後、「山」以外の漢字にはルビをつけて、「高《たか》い山」「富士《ふじ》の山」「一《ひと》山百円《ひゃくえん》」「タイヤが山のように積《つ》まれている」「ぼろ切《ぎ》れが山ほどある」などのように「山」を含む文を与え、「山」の字に（赤）マルをつけさせます。この場合、もちろん声に出して読んでもよいのですが、あえて読む必要はありません。「山」の字形を認識し、選び出せればよいのです。

次に「山道」「山寺」「山坂」「山登り」「山歩き」「山越え」「山小屋」「山崩れ」などのような言葉の「山」以外の漢字にルビを付けて、黙読する練習をさせます。もちろん音読でもかまいません。先ほどのように「山」の字にマルをつけながら読むのもよいでしょう。ひと目読みで「山」が指摘できることが大事です。

これらの二字、三字がくっついた長語は単なる「山」だけより見にくいと思っていませんか。そんなことはありません。「山」の字形を覚えた子供は、熟語の中でも文の中からでも的確に「山」が見つけられます。

「山」を使った言葉や文をたくさん見ることによって、目が「山」という語（漢字）の形をよく覚えてしまうのです。同じ漢字（語・この場合は「山」）を数多く見る機会に接しているうちに、子供は嫌でもその字を覚えてしまいます。漢字は難しい字だなどと思わせない、そのためには文字や文に慣れさせることが大事なのです。

次の段階では、「山」を含む数文から成る文章を五つくらい与えてください。

ここで五文章すべての形を出すことは略しますが、例として一文章を四文にして出してみましょう。

**作成文例**

しばらく走ると前のほうに三角に見える山が見えてきた。

その山はどんどん近づいてきた。

「あの山なんという山なの」と妹が聞いた。

「あれが日本一の富士の山よ」とお母さんが言った。

などという程度のものでよいのです。

そしてその文の中から「山」を探させてください。文章の易しい難しいはそれほど問題ではありません。要はそれらの文章の中から「山」という字が見出せて、それが「やま」の意味を持つことがわかればいいのです。長文の方が見分けやすくなることでしょう。

ご自分で文作りをしない方法もあります。それは手元にある本（物語・絵本等）を活用することです。新聞でもよいでしょう。それらの中から指摘すべき漢字を探してカラーペンや色鉛筆などでマルをつけていくのもよいでしょう。

初出の漢字は「目で見させる」「読みを唱えさせる」、ここまでの段階を何度も繰り返し、繰り返し行うのがよいと思います。どんな場面であっても、「山」が「やま」であり「川」や「池」や「水」などを表す漢字でないことが的確に弁別でき、指摘できるようになるまで行います。

そこまで到達できたら「筆順を唱えながら手で書かせる」という段階に進んでよいと思います。そうなるまでは鉛筆はもちろん、クレヨンなどでも「山」という漢字を書かせる練習はさせないでください。あせりは禁物です。「完璧に読めるようになって、初めて書く」、この順序で学習を進めます。

## 「読み書き同時学習」は避ける

「書く」練習に入るにも、「口唱法」という筆順指導の方法によって唱えさせることが有効です。その方法は、下村昇の漢字ワールド③『口唱法とその周辺』で詳しく述べています。

書きの段階ではともかく、「山」という漢字を見ながら「山」の筆順を唱えさせるのです。少なくとも一〇回くらいは「ながいたて　たてまげ　みぎも　たておろす」と、繰り返して唱えるのがよいと思います。

くれぐれもお願いしておきますが、新出漢字を初めて見させて、初めて読みを教え、そして同時に初めて意味を教え、ついでにそのとき初めて書き順を教えて書かせる、ということは避けてください。

これで「教えた」と思い、「さあ、これからはこの言葉はこの漢字で書くのですよ」と言われても、子供には書けるわけがないのです。書けなくて当然なのです。これは学校という教育の場でやっている「読み書き同時学習」という方法なのです。

作文などで「習った漢字が使えず、ひらがなばかりで書く」と嘆きますが、指導者がこうした方法で「教えた」と思い込み、生徒は日常生活で使えるようになると錯覚を起こしているだけなのです。学習者が悪いのか、指導者が悪いのか、さて、どうなのでしょうか。本書をお読みのあなたにも考えていただきたい問題です。

第二章

# かなの学習と漢字の学習

生きている漢字・死んでいる漢字

# ①かなの学習

## 「指導」の成立の難しさ

今の教科書は総合教科書ですから、それ一冊で国語科の目標すべて（毛筆・硬筆の教科書はありますが）を学習させようとしています。ですから、教科書に初めて出てきたひらがな、カタカナ、漢字を、そのときに学習するわけです。

学習の中身は、その叙述の中でその字はどう読むか、そのほかにどんな読み方があるか、その文字はどんな筆遣いによって書くのかという書き順、その漢字が常用漢字の音訓表の中で認められている使い方、送りがなのつけ方、短文練習などまでやることになります。

まずは教科書が読めなければなりません。ということは、ここで新出文字の「読み」を教えることになります。そして書きを教えます。

しかし、教育漢字でいえば、あの一〇〇六字の範囲内での、どんな言葉を読み書きが出来ればよいのか、その「出来方」はすべての子供に要求するのか、クラスの半分くらいの子供が出来ればよいのか、あるいは四分の三くらいの子供が出来ればよいのか、そうしたことなどについては、具体的に決まっていないようです。

学校での指導計画というか、教え方を垣間見ると、何だか、計画した時間内（それも適切な時間なのかどうかわかりませんが）で教師が一通り授業という形を流し、理解しきれなかった子供がいても、それはそれでおいて行くという形をとっているようにみえます。クラスの何%くらいの子供が「理解できた」となったところで切り上げるのでしょうか。

教科書会社の立てた指導計画の配当時間で決めるのでしょうか。だとしたら、教科書会社の立てた指導計画は、それが自分の担任している学級に適切なのでしょうか。

学習は一人ひとりのものだといいます。一人ひとりの子供の学習が成立しなければ、教師自身の責任である「指導」も成立したとはいえないのではないでしょうか。一人ひとりすべてがというわけにはいかない、しかし、公立学校では入学させる児童の知能を限定することが出来ないから、そこまでの責任は担任教師としては負いきれないというのでしょうか。

こんなことをいうと、ある先生は反論するかもしれません。今ここで、一人ひとりの子供が一〇〇%確実に覚えてその文字が使いこなせるようにならなくてもよいのだ、と。

学習が一〇〇%成立していなくても、そのうちに時間や経験を経る数年間の中で、何度かの練習や復習を重ねているうちに定着していくものだと。

確かにそうした考えもありますが、だとしたならば、それはその授業の中にどんなフォローの仕方を用意しているのか、どんな練習を用意しているのか、といったことまで含まれた話にならなければならないと思うのです。

# ひらがなが先か、カタカナが先か

学習指導を考える上では、指導順序にしても、教材の配列にしても、発問にしても、すべて「易から難へ」という原則があるといいます。「易から難へ」などという言葉を聞かされると、まるで指導技術の金科玉条のように思えてしまいます。

街の語学学校やパソコン教室などの看板にも、よく、本校の指導法は「懇切丁寧」だとか、「易から難への積み上げ方式」だといった言葉がキャッチフレーズとして書かれています。それほどこの言葉は、指導者にとっても、そして学習者にとっても、注意を引き、魅力のある言葉なのかもしれません。

このことが確かならば、教材の配列の仕方でも指導の段階でも、「易から難へ」という順序・段階を踏み、きめ細かなステップを組んで指導すれば効果絶大だと思われます。

文字指導、ことに入門期のかなの指導については、今でもカタカナから教えるべきか、ひらがなから教えるべきか、といったことが取り沙汰されます。この指導の原則「易から難へ」をひらがな先習、カタカナ先習の方式に当てはめると、どうなるのでしょうか。

戦後、ひらがなを一年生から教え、カタカナを二年生から教えることにした時代がありましたが、この方式を導入したことに対して、現場の教師や学者、一般社会人の間でも相当異論が出たことがありました。

その異論も、当時はカタカナもひらがなも普通に用いられていたことでもありましたから、それを根拠に、社会生活を営む上での必要性を説く論あり、正書法の確立を説く論あり、そうした中に、当然ながら、文字習得の難易を理由とする人たちもいました。

カタカナを先に学ばせるのがよいとする人たちは、カタカナの方が易しいから、カタカナから教えるのがよい、カタカナを先に学ばせれば漢字の点画を覚えさせるのに便利だ、ひらがなは曲線が多く形が取りにくいなどとしていました。

それに対して、ひらがなが先の方がよいとするひらがな先習論者は、終戦までは法令や公用文にはカタカナが使われていたが、戦後はひらがなに改められた、それで、一般の書物もそれに倣うことになった、だから目にしやすいひらがなから教えるべきだといいました。

これは、今ここで問題にしている教材の配列の原則「易から難へ」とは違った観点ですが、ひらがな先習論推進の大きな理由にはなる事柄です。

そして「易から難へ」の原則に即したことでいえば、ひらがなの方が曲線の要素が多く、かえって子供には書きやすい、さらにはひらがなとカタカナを一緒に学ばせると、ひらがなとカタカナの使い分けが難しくなるから、カタカナは後にするのがよいとか、カタカナの方が易しいのだから、ひらがなを先に教えてそれに力を注ぐのがよい。カタカナは後で学ばせれば自然にも覚えるとする意見もありました。

「ひらがなはカタカナに比べて曲線が多い」ということまでは、視覚的に誰にでもわかることですが、「だから、易しい」あるいは「難しい」というのは、どこでどのようにして決めるのでしょうか。また、かなの学習の難易は、文字を構成する点画に当たる曲線の多少・形態だけで決まるものでしょうか。そして、さらには、これら両者の意見の信憑性はどうなのでしょうか、わたしには判断が出来ません。

そもそも、カタカナとひらがなの難易を判断する決め手はなんなのでしょうか。読みやすさか、書きやすさか、また、読みやすい字は書きやすい字なのかということも問題になります。そうしたことなどを、どうやって確かめるのでしょうか。そういう調査を科学的にやって結論が導き出せたという話も聞いたことがありません。

先にも触れましたが、教科書をひらがな書きにした根拠は、「易から難へ」という学問的論理としての原則をもとにしたのでないことは確かです。

「新憲法の口語文体化に伴って、その用字もひらがな本位になり、一般の表記がひらがな本位に統一された。教育は社会の実態に即して行われるべきだから、それに順応して小学校一年用の教科書からひらがなを主体とした」というのが理由です。

国語審議会（当時の名称）では、小学校二年生あるいは三年生の終わりまでには、カタカナを十分に習得させる必要があるとして、「現にカタカナ表記が一般に認められている語については、カタカナ書きで学習させる。カタカナの学習を効果的にするために、学習の過程において意図的にカタカナ書きの語、句または文を交える、このようにしてカタカナについても三年生の終わりまでには習得させる」と言っていたのです。

そしてその方針を後押しするように、一九五六（昭和三一）年五月、教育課程審議会は文部大臣（共に当時）に対して「平仮名を片仮名より先に教えるという現行の方針は、改定する必要は認められない。ただし、片仮名の学習については、さらに徹底を期することが望ましい」と答申しています。

そうした経緯を経て現在に至っているのですが、では、現在の小学校教育でのひらがなとカタカナの指導は、どうなっているでしょうか。学習指導要領の指導内容には次のように書かれています。現行の学習指導要領から抜粋してみます。

### ❖一年生

（ア）平仮名を読み、また、書くこと。

（イ）片仮名の大体を読み、また、書くとともに、片仮名で書く語に注意すること。

### ❖二年生

（ア）片仮名を読み、また、書くとともに、文や文章の中での片仮名の使い方を理解する。

### ❖三年生

（ア）片仮名で書く語の種類を知り、文や文章の中で適切に使うこと。

四年生以上になると、カタカナやひらがなについての指導事項は、とくに取り上げられてはいません。ですから、カタカナは三年生の終わりまでには習得させるのだという考えは変わっていないのです。ひらがなは一年生で確実に覚えさせ、カタカナは三年生までに学習させ、その際、どんなときにカタカナを用いるのかといったカタカナの使い方まで習得させようというわけです。

## ②入学すると読む生活が盛んになる

### 書きにくく、読みにくいひらがな

わたしは一九六〇年ごろから数年間にわたって、東京都立教育研究所の仕事で「学習内容・系列の分析研究」とか「教科能力の実態と構造」などの調査研究に携わっていました。その仕事がきっかけで『国語科の指導と考査』ほか、たくさんの著書をお持ちの松本順之先生（元文部事務官、東京水産大学教授）に何年間かにわたって、親しく教えを乞う貴重な機会に恵まれました。

カタカナとひらがなのどちらが読みやすいか、書きやすいかということを実際の子供を使って調べるのは、技術的にも難しいことです。あるとき、そうしたことが話題になったことがありました。先生は三歳になったばかりの女のお子さんに、五十音をカタカナとひらがなで、

「ア・あ」から順に一音ずつ書かせて、文字を知らない幼児が、どちらが書きやすいか、見当だけでもご自分の目でつけたいと思われて、実験したことがあると話されました。この実験は子供も小さいし、嫌がるときもあったりするので、一年間に及んだということでしたが、書かせるにも骨が折れたが、書いた字の判定にも難しさがあったとおっしゃっていました。そうだと思います。

そして「結論は?」と尋ねると、先生は、カタカナの方が「字が整っているなあ」と思えるような字もあるし、ひらがなの方がよく書けていると思える字もあったと言って笑っておられましたが、同じ音の字同士で比べれば、ひらがなよりカタカナの方が形の整った字が多かった、書けない字はカタカナよりひらがなの方に多かった、押《お》し並《な》べて印象を言えば、「カタカナの方が書きやすいのではないか」ということでした。

「根拠は?」と問うと、「それは、字画の簡単な字がカタカナの方が多いからではないかと思うが、では、字画の簡単な字が読むにも読みやすいかどうか、ということについてはわからない」ということでした。

たいへん努力の要る地道で貴重な実験であり、研究だと思います。

考えてみれば、漢字と違って、ひらがなやカタカナのような表音文字は、字画の簡単な字は複雑な字より見分けやすいし、読みやすいのではないかと思えます。とすれば、ひらがなの方がカタカナより字形(概形)が複雑なだけに、書きにくいばかりでなく、読みにくいのではないでしょうか。

カタカナよりひらがなの方が難しいとすれば、日本ではあえて「易から難へ」という原則を無視して、その難しいひらがな先習方式を持ち込んでいるわけですが、一年生にとって「ひらがなの指導は抵抗が大きい」という報告も聞いたことがありません。ひらがな先習でも無理ではないということなのでしょうか。あるいは、一年生の担任になる教師たちの指導技術が優れているのでしょうか。

わたしたち（現代子供と教育研究所）でも、ささやかな調査をしたことがあります。東京・山の手の住宅地三区に住む新一年生の父母への調査です。

入学前に、ひらがなは自由に「読める」ようになっていたという子供が四一%。

ひらがなもカタカナも読めるようになっていた子が四六%。

この二つを合計すると八七%の幼児が、入学前にひらがなが読めるようになって小学校に入学しているのです。

では、「書くこと」では、どうだったでしょうか。

「ひらがなは書けるようになっていた」という子が五四%。

「ひらがなもカタカナも書けた」子が一七%。

合計すると七一%です。入学前に約七〇%もの子供がひらがななら書けるようになって入学してくるのです。読むだけなら、ひらがなばかりかカタカナまでも半数近くの子供が読めるようになっているのが実情です。

この調査をまとめると、次の通りです。

① 入学前にひらがなを一字も読んだり書いたりすることの出来ない子はいない。

② 入学前に約九割の子は大体のひらがなが読めるようになっている。

③ 入学前に約七割の子は、大体のひらがなが書けるようになっている。

わが子と比較して、驚くことでもないと思えるような調査結果ではないでしょうか。

## 子供が覚えやすい字

子供はどんな字をよく覚えるのでしょうか。まずは自分の姓名、家族の名、形の簡単な字（い・く・こ・し・つ・て）、五十音の「あ」行、すなわち「あいうえお」、さらには形の面白そうな字（「ん・の」など）、こうした字は絵本との関係も密接にあると思われますし、家族がどの程度夢中になって教え込むかということとも相関関係があるようです。

先日も電車の中で幼稚園帰りの女の子に、「厳しすぎるなあ」と思うような教え方をしている母親を見ました。有名校をねらっている家庭では、ああなのだろうかと思ってしまいました。

こういう子供は、おそらく教科書以外で字を学ぶ機会が普通の幼児よりもいっそう多いのだろうと思います。一年生を見ていても字画の少ない字は覚えやすいし、教科書に何度も出てきた字は覚えやすいというのですから、幼児のころ、絵本をはじめ、いわゆる「お受験用のプリント」や教材に触れて育った子供は、文字を見る目が訓練されています。

その上、入学すると、本格的に学習という環境に身を置き、刺激を受けるので、読む生活がますます盛んになります。そして、国語の教科書は計画的に漢字が提出されているのですから、漢字を覚えるにはもっとも大きな力になるに違いありません。

とはいっても、漢字を覚えるのに国語の教科書がどれほど大きな力を発揮するかは、教科書がどう取り扱われるか、つまり、指導と学習の方法によって違ってきます。どんな字が、どんな時期にどんな言葉で出てくるか、その後どれくらいの間隔を置いて何度提出されるか、などといったことは、漢字の学習と大きくかかわることだと思います。

わたしのささやかな経験でも、子供にとっては、数回出ただけで覚える文字もありますし、数十回くらい出ただけでは覚えない字もあるようです。また、一度にまとまって出るよりは適当な間をおいて出る方がよく覚えられるようです。どんな言葉で出ているか、どういう文で出てくるか、そうしたことによっても違いが出てくるかもしれません。文字を覚える頭脳の構造（メカニック）というものは何とも不思議なものです。

## ③漢字の多い文は子供には難しい

### 読めなくてはつかめない文意

文や文章を読む心の働きは大変込み入った働きです。易しい文、難しい文といいますが、どんな文が難しいか、易しいかは一概にはいえないことです。

しかし、文の難易を決める要素として決め手になるものの一つに、漢字があることは確かです。とはいっても、文の中に読めない漢字があっても、文の中身が分かることは少なくありません。「涼しい（　）が吹いていた」とあれば、カッコの中に入る漢字は「風」だと分かります。読み手が欠けたところを自分で補って文意を組み立ててしまうことが出来る場合があるからです。

また、文の話題や中心語句になっていない語句や漢字ならば、そうしたものは読めなくても文のあらましの意味はとらえられます。

反対に、文は読めても文意は読み取れないということもあります。ひらがなを覚えたばかりの幼児は絵本などのひらがなを一字一字たどり読みしますが、どういうことが書いてあったかはわかりません。何度か読んで、すらすら読めるようになって初めて、内容がわかるようになります。

文の中に読めない漢字があっても文意のわかることもありますし、漢字が読めても文意の読み取れないこともありますが、漢字が読めなくてはその漢字を含む文意は読めないのが普通です。

現実問題として、読めない漢字の多い文は難しいのです。読めない漢字が抵抗になるからです。なぜ抵抗なのかというと、漢字を含む語句には、抽象的な意味を持つ語句や聞き慣れない語句が多いものです。

抽象的な意味を持つ語句、聞き慣れない語句など、自分の使いこなせない語句の多い文章は難しい、ですから漢字の多い文は子供には難しいといえそうです。言い換えれば、漢語、抽象語、経験から遠い語句、代名詞、固有名詞などの多い文は難しいということになります。

## ④「死んでいる言葉」は読めない

### 経験が左右する読み取る力

子供は成長に伴って行動の範囲が広くなりますし、多くの人とも接する機会が増えてきます。そうしたことから、見聞を広めることが出来ます。

また、文字が読めるようになると、文字による生活も始まります。書物を通して見も知らないところの出来事も、行ったこともない宇宙のことにも触れて知識が増し、将来にも目を向けるようにさえなります。

こうして時間的にも空間的にも経験を豊かにしていきます。経験が積もればその経験と読む生活との相乗効果によって、子供の知識は発達していきます。教科書は子供の経験に合う材料を教材として選びます。と同時に経験を整えさせることもします。

文の意味を読み取る働きは、読む人が経験を組み立てる働きでもあります。だからこそ、読む生活にはその人の経験がとても大きく働きます。

そのことを実証するために、ここでは財団法人・総合初等教育研究所が発表した『教育漢字の読み・書きの習得に関する調査と研究』（二〇〇五年一月発行）とそれ以前二回の調査結果を使って検証を試みようと思います。

この調査の正答率をもとにして、独自のボーダーライン（「読める漢字」＝正答率九九％以上と、「読めない漢字」＝正答率五〇％以下、そして、「書ける漢字」＝正答率九〇％以上と、「書けない漢字」＝正答率五〇％以下）を設定・抽出し、学年別に集計し直して、その結果をもとに「子供にとって『死んでいる言葉』は読めないし、書けない」という仮説の実証と、漢字指導のあり方についての独自の考察を行いました。

さて、二年生の配当漢字「細」を使った言葉で、「細心の注意をはらう」という文例がありました。これを五年生が読んだり書いたりするのですが、調査結果は「さいしん」と読めた五年生が四七・八％、「細心」と正しく書けた子供が一一・八％でした。

この項は「読み」に焦点をあてて論ずる部分であり、「書き」は次の項で取り上げますが、それにしても五年生で、「サイ心の注意をはらう」の「サイ心」を「細心」と書けたものが一一・八％、一学年上の六年生でさえ二〇・三％だというのには驚かされます。

これらの子供には、この文を読んでも「細心」の意味も漢字も想起出来なかったというわけでしょう。そして「細心の注意をはらう」という経験を、頭の中で組み立てることが出来なかったのだと思います。

「注意深く細部にまで心を配ること」が「細心」ですが、そうした経験を持つ子供がどれくらいいるでしょうか。「細心」という熟語を指導する際に、教師はどんな授業展開をしたのでしょうか。子供たちにどんな経験を組み立てさせたのでしょうか。

これが「細心の注意」だと実感できるような経験をした子供もそう多くはないのかもしれません。「細」には「ほそい・せまい」ばかりでなく、「くわしいこと」「こまかいこと」という意味があり、「心」は「こころ」だといわれても「細心」の実体は分かりません。

経験とはいっても、直接に触れた経験だけをさすのではありません。実際には見なくても、そして行わなくても、「細心の注意を払って作り上げたロケットの物語」を読めば、内容の理解によって直接経験に準じた経験がえられるようになるでしょう。

実際には経験できないというものはいろいろあります。だからといって、実際に経験しないものはわからないかというと、そんなことはありません。例えば、引力とは何か、空気とは何か、わかる方法はあるのです。そうした経験をどう積ませるかということが、実は、学習指導なのではないでしょうか。

話が少し飛躍しましたが、元に戻して二年生の配当漢字【細】の調査結果を見てみましょう。

「細」には「サイ・ほそい・ほそる・こまかい」という「読み」があります。

①「サイ」と使った文例………「細心の注意をはらう」(五年生に出題、正答率六〇・四%)

②「ほそい」と使った文例……「細いひも」(二年生に出題、八八・四%)

③「ほそる」と使った文例……「あつさで食が細る」(二年生に出題、三九・六%)

④「こまかい」と使った文例…「細かく切る」(四年生に出題、八六・九%)

この調査結果をどう見たらよいのでしょうか。

まず、②の「ほそい」は幼児でも普通に使う言葉ですから、小学生には何の抵抗もなく受け入れられると思います。「うでが細い」「細い竹」「太い線と細い線」などというときの「細い」は、いわば「径が小さい・周囲が小さい」の意味です。「目を細くして笑う」という使い方でも通用します。

しかし、同じ「細い」でも「神経が細い」「食が細い」となったらどうでしょうか。とくに「食が細い」とか、その応用の「暑さで食が細る」は、この言葉の使い方としては、二年生では高度ではないでしょうか。同じ二年生でも「細いひも」の使い方とはかなり違った使い方です。

「細」が「ほそ・い」と読む字だと知っていれば読めるはずだというでしょうが、はたしてそうでしょうか。そうではないということの表れが「食が細る」の「読み」が三九・六％という数字に表れているのだと考えられないでしょうか。「食が細る」は多くの子供が使い慣れない、耳慣れない、すなわち**「身についていない言葉」**です。

「細」を用いた文例の中でも「食が細る」だけはガタンと正答率が落ちています。こうした言葉は書けないだけでなく、読むのにも抵抗が大きいのです。

笑い話として読んで欲しいのですが「あつさで食が細る」を読んで、「給食の食パンの厚さが薄くなった」と勘違いした子はいなかったでしょうか。「食が細る」という言葉の意味や使い方を知らない子供は、「あつさで」という部分さえ「暑さ」だと思わず「厚さ」だと思い込んでしまうことも「無きにしも非ず」でしょう。

## 不足している読みの訓練

二年生の配当漢字に【米】があります。

「米」の「読み」は訓読みで「こめ」、音読みでは「ベイ・マイ」です。

この「米」を使った調査問題に次の出題があります。
①「こめ」と使った文例…「米つぶほどの大きさ」（二年生に出題、正答率九七・七％）
②「ベイ」と使った文例…「米作農家が多い」（四年生に出題、正答率〇・七％）
③「マイ」と使った文例…「白米を買う」（四年生に出題、正答率七七・九％）
さすがに「こめ」を、見たことも食べたこともないという子供はいないはずです。「米つぶほど」という大きさの形容も、あの「こめ」を知っていれば実感できています。さすがに正答率九七・七％です。

次に成績のよいのが③の「マイ」です。「白米」も知っている子供も多いのでしょう。しかもこの出題は四年生ですから、四年生だったら楽勝と思いたくなります。ところが調査の結果は正答率七七・九％だというのです。

「米」を「マイ」と発音する熟語といったら「白米・玄米・精米・外米」などという熟語を思い出しますが、子供にとっては真っ先に思い浮かぶのがやはり「白米」でしょう。正答率の七七・九％はやや不満ですが、まあ致し方ないとしましょう。

ところで驚くのは②の「ベイ」を使った文例です。「米作農家が多い」というのですが、何と、この正答率が〇・七%だというのです。間違いではないかと思ってしまいます。おかしいと思って「書き」の正答率を見ると、やはり四六・八%と半分以下なのです。

誤答例を見ると「米作農家」を「いなさく」とする例が多かったと書いてあります。こうした誤答の類型には「昼食」を「ちょうしょく」としたり、「平等」を「きんとう」とするなどがあり、一つひとつの「読み」を正確にするような指導が大事だと解説してありましたが、はたしてそうでしょうか。

ケチをつけるわけではありませんが、「昼食」の読みを「チョウ食」とするのは「ちゅ」という拗音の書きの誤りであり、「昼食」は「ちゅうしょく」と読めていながら、この熟語の「読み」を書くとき「ちゅう」がたまたま「ちょう」としてしまった間違いではないのでしょうか。「類義語の連想による誤用」ではなく、単なるうっかりミスか、あるいはひらがな（拗音）が的確に書けないのであって、読めなかったわけではないと思うのですが……。

解説者はこうした誤答は類義語の連想による誤用だとして、似たような意味の熟語を集めて比較し、意味や読みの違いを意識させるような指導も必要だといいます。もちろんそうしたことも大事なことですが、「べいさく」は「米作」であり、「いなさく」は「稲作」と、「ひと目読み」で見分けられるほどの「読み」の経験がなくてはいけないのです。これは書き文字の読み、すなわち読書経験の不足です。「読み」の訓練が不足しているというべきでしょう。

「米作」を「いなさく」と読む間違いなど、本来あるはずがないと思います。しかし、現にこうした「読み」が多いというのですから、その原因は教科書の「読み」が足りないのでありましょうし、文字の表記を読まずに、文章を観念読みしているのです。その文章（教材）を暗記するくらい音読する練習を重ねていない証拠です。

わたしは類義語の連想による誤用だなどとは思いません。読書経験の不足、あるいはひらがなの拗音表記の練習不足だと思います。

結局は子供が勉強していないのです。反復練習などしていないという結果だと思うのですが、どうでしょうか。もっともっと教科書を読む練習をさせるべきです。

## 5 漢字の読みは言葉の読みである

### 身近に感じる漢字は読める

もう一つ例を挙げてみましょう。六年生への出題で「金」の読みの読み替えをみるものですが、「寺院の**金堂**を見学する」というのがあります。この「金堂」の読みの六年生の正答率は二九・四%です。一〇人のうちで三人しか「コン堂」と正しく読むことは出来なかったというのが調査の結果です。誤答が六四・七%、無答が五・九%、この合計が七〇・六%なのです。

この調査結果を見ると、「金」が一年生の配当漢字だからといって侮れないことがわかります。

漢字の「読み」とは言いますが、実は漢字は言葉です。そして熟語というのも当然言葉です。ですから、漢字の「読み」は言葉の読みであり、言葉を知っているかどうかの調査です。「金堂」を「きんどう」などと読む子がいたら、その子は「金堂」を知らない子供だと断定して間違いありません。

七〇・六%もの六年生が「金堂」という言葉を知らないということは、当然見たこともないものだったのでしょう。その証拠に「金堂」と書けた者の数は一四・一%しかありません。読めなければ書けないことの証左でしょう。

社会科で日本の歴史なども学習するでしょうが、そうした際に、代表的な金堂には、法隆寺(飛鳥時代)、唐招提寺(奈良時代)、室生寺(平安時代)、醍醐寺(鎌倉時代)、興福寺(室町時代)、教王護国寺(東寺、桃山時代)などがあるということも学習していなかったのでしょうか。そうした学習経験が実際の現場見学を補って、経験を整える役割をしてくれるはずですが……。

「金堂」に負けず劣らずなのが【尊】の読みです。

「尊」は六年生の配当漢字ですが、音読み「ソン」のほかに、訓読みで「たっと・い、とうと・い、たっと・ぶ、とうと・ぶ」があります。これらへの読み書きの正答率は次のとおりです。いずれも六年生での調査です。

①「ソン」と使った文例……………「先人を尊敬する」（正答率八九・七％）
②「たっと・い」と使った文例…………「仏様の尊い姿」（正答率三七・七％）
③「とうと・い」と使った文例…………「仏様の尊い姿」（正答率五一・九％）
④「たっと・ぶ」と使った文例…………「町の人々から尊ばれる」（正答率一・六％）
⑤「とうと・ぶ」と使った文例…………「村の人々から尊ばれる」（正答率二八・七％）

この五問の「読み」の成績（正答率）のよい順に並べると「尊敬」、「尊い・とうとい」、「尊い・たっとい」、「尊ばれる・とうとばれる」、「尊ばれる・たっとばれる」の順になります。これから何がわかるかということになると、次のようにいうことが出来るのではないでしょうか。

そもそも、「尊」を使った言葉では、音読みの「尊敬」がもっとも子供になじみのある言葉だと思われます。次を挙げるとすれば「子供の意見も尊重する」のように使う「尊重」でしょう。訓読みの言葉はあまりなじみのない言葉です。そうしたところから「尊敬」がもっとも「読み」の正答率が高いのはうなずけます。

さて、訓読みの言葉「たっとい」「とうとい」「たっとぶ」「とうとぶ」の四つを身近な使い方順に挙げればどうなるでしょう。何のデータもあるわけではありませんが、わたしは「とうとい」「とうとぶ」の方が「たっとい」「たっとぶ」より身近だと思います。

正答率でいっても「とうとい」は五一・九％ですし、「たっとい」は三七・七％です。「たっといお方だ」などは、どちらかというと話し言葉ではなく、読み言葉の部類の言葉ではないでしょうか。子供が口に出していう言葉とは思えません。

④「町の人々から尊ばれる」（たっとばれる）が一・六％という低い正答率だったのもうなずけるものがあります。

大体がこの言葉は子供の生活に身近な言葉とは正反対の部類の言葉でしょう。「書き」の正答率を見ても二・八％しかありません。

そのほかに六年生の漢字で正答率のよくないものを挙げれば、「畑に肥（こえ）をやる」がありました。「読み」の正答率は六・三％です。送りがなのついた「肥えた土地」や「肥やしをやる」は六六・九％と五二・九％ですから、半分以上の子供は読めているわけです。「肥」一字で「こえ」と読むところに抵抗があったのでしょうか。送りがなが、かなりのヒントになっているといえそうです。

## 読めない漢字の傾向

ところで、もっと成績の悪いのは【読】（二年生配当漢字）です。

これを六年生に「祖父は読本で勉強した」という文で、「読本」（トクホン）と読めるか、書けるかを調べています。

「トクホン」とはあまりにも懐かしいというか、古いというか、まあ、子供にとっては「死語」といってもよいでしょう。旧制の小学校で使われた国語の教科書の呼び名です。終戦前に小学生だった人しか知らない言葉ではないでしょうか。今はたまにしか、しかも『人生読本』のように書名としてしか使われていないのではないでしょうか。使っても「とくほん」ではなく「どくほん」と濁って使うのではないでしょうか。

そういうわけで、「読本」（トクホン）は本当の意味で、小学生にとっては特別な読みです。当然、正答率は「読み」が〇・八%、「書き」が一・九%という惨憺《さんたん》たる結果でした。

ついでながら「読」を使った読みに「読点」の「トウ」があります。これについても調査をしています。「句読点を打つ」についての正答率は、「読み」が四〇・二%で、「書き」が二五・八%でした。「読本」と違って、六年生で「句読点」という言葉を知らないとは思えませんが、こうした正答率を見ると、ふだんの国語教育の中で、どんな指導が行われているのか、作文指導などはきちんと出来ているのかと心配になってきます。

読めない漢字は書けないといいましたが、それは単なる漢字が書けない、読めないという問題にとどまらず、その人の生活の中にそうした語彙がないし、経験がないということと密接なつながりがあるということなのです。

この子供たちは、「金堂」の調査でわかったように、寺院で本尊を安置しておく堂だということも知らないでしょうし、「伽藍《がらん》」などという言葉になると、もっと知らないことでしょう。もっとも、金堂は内部が金色（コンジキ）に塗装されていたところから呼ばれたとも、そうではなくて、金色の仏像を安置したところから言われたなどという説もあり、はっきりとはしませんが……、もちろんこうした「金堂」の由来まで知る必要はないでしょう。

## 体験が語彙の豊かさを生む

次も六年生の問題ですが、【糸】（一年生配当漢字）を使った言葉の読み書き調査で「一糸乱れぬ行進」があります。読みの正答率が二八・九％、書きの方は何と五・五％です。「糸」を訓読みで「いと」、音読みで「シ」と読むことを知らない六年生はいないでしょうが、「一糸乱れぬ」の読みが二八％、書きがたったの五％というのはどうしたことでしょう。「読」（トク）と同じように、「糸」を「シ」と音で読む熟語そのものがそんなに多くありません。思い浮かぶのは「菌糸・金糸・銀糸・蚕糸・綿糸工業・製糸工場」などですが、どうも、これらの熟語は小学生が日常生活で使う言葉（生活語）ではないようです。主として読み言葉だといってよいでしょう。それもあまり見かけない言葉としての。

さて、問題の「一糸」ですが、これは「一すじの糸」です。「一糸まとわず街へ飛び出した」のように使いますが、この場合の「一糸まとわぬ」は「一枚の衣服も着ていない、全裸のさま」をいう形容詞ですから、読書などによってこの表現を覚えた子供は「一糸まとわず」のように覚えているかもしれません。

では、「一糸乱れぬ」はどうでしょう。これも思うに、話し言葉ではなさそうです。普通の会話で「一糸乱れずに……」などという場面はそうはありません。これもやはり書き言葉でしょう。「少しも乱れがなく整然としている」といったような場合の表現ですが、この言葉の使い方もかなり限定されていて、「一糸乱れず行進する」とか「一糸乱れぬ手の動き」などという使い方しかないでしょう。

ですから、こうした問題の場合、単純に「糸」なんて一年生の漢字で簡単なのに、どうして「読めないのか」「どうして書けないのか」などと論ずることは出来ません。「一糸乱れぬ」がどれほどふだんの生活、いわゆる日常生活の中で使われ、この言葉を見聞きし、自ら話し、読み、書き、そうして使いこなしているかということになります。言い換えれば、どれほど身についた言葉になっているかということです。

「一糸乱れぬ行進」の下の語句「行進」がヒントになって考えられるだろうというかもし

れませんが、それは無理です。「一糸乱れぬ」という慣用句を知っていて初めて「行進」が生きるのであって、「○○乱れぬ行進」とあっても、この言葉を知らない人には、「一糸」という熟語が入れられるわけがないのです。

大げさな言い方だと思うかもしれませんが、語彙が豊かだということは知識や経験が豊富だということであり、幅広く表現方法や適切な形容法、慣用句などもいろいろ知っているということです。人間として幅が広いかどうか、精神活動、ひいてはその人の生活全般がどうかということにもつながります。

「漢字」とはいうけれど、その字数を多く知っている、書き取りが出来るというだけでは、真の学習・勉強にはならないわけで、そういう意味では漢字検定なども文字数を多く知っていればよいと考える人は、一考を要する問題ではありそうです。

## ⑥ 反復練習や応用練習は指導計画に組み込む

### 定着しないその場限りの指導

最後に、「言葉と読み書きの相関」の関係について考えてみましょう。

【苦】を例にして考察することにします。

「苦」は「ク、くる・しい、くる・しむ、くる・しめる、にがい」のように読むことになっていて、三年生の配当漢字です。

そこで問題はそれぞれ次の例文で出題されています。

①「くる・しい」と使った文例…「息が苦しい」（三年生に出題、正答率九六・九％）

②「くる・しむ」と使った文例…「病気に苦しむ」（三年生に出題、正答率九六・一％）

③「にが・い」と使った文例……「苦いお茶を飲む」（三年生に出題、正答率八九・二％）

④「にが・る」と使った文例……「苦りきった顔」（五年生に出題、正答率四六・九％）

①と②の「苦しい」「苦しむ」は子供たちの生活語です。「耐え難いほどつらく感じる、耐え難いほど精神的につらく思う」、あるいは「耐え難いほど困った状態」などをいうときに使う言葉で、「耐え難いほど」というところがポイントです。

子供たちも何の抵抗もなく使っています。「俺んちさあ、ローンの返済で家計が苦しいんだってさ」などと、子供でも言うのです。どれほどの切実感を持って言っているのか推し量ることは出来ませんが、ここでのポイントは、「耐え難いほど」というところですから、子供の言う言葉の中に、この「耐え難いほど」という気分が入っているかどうかわかりませんが、まあ、子供でも一応は自分自身の「生きている言葉」として使っていると判定してよいのではないかと思います。

③の「にが・い」と④「にが・る」はどうでしょうか。
「苦い」には使い方が二つあります。

一つは、舌が刺激されて口をゆがめたくなるような味（を感じること）です。問題に使った「苦いお茶を飲む」がこれにあたります。「苦瓜」なども「にがい瓜」ですからこれに該当します。この「苦いお茶」は「読み」よりも抵抗の多い（と思われる）書きでも七〇％の正答率を示しています。

二つ目は「不愉快である」といった感情です。「苦々しい顔」などがこれに当たるでしょう。しかし、こちらは、どっちかというと④の「にが・る」が主として担当しているように思います。「不愉快そうな顔をする」ことを、「苦り切った表情」とか「苦笑い」などと使います。

ここでもう一度正答率を見てください。①②③は三年生への出題ですが、九六・九％、九六・一％、八九・二％と、かなりよい成績を取っています。ところが④の「苦りきった顔」は二学年上の五年生への出題。正答率は四六・九％。半分にもいきません。

授業の中で「苦虫を噛み潰したような顔」などといった形容なども教えないといけないのかもしれません。《「苦」は「にがい」とも読むんだよ》などという程度の指導では、ダメそうです。

よく新出漢字の学習でその漢字を用いた熟語を探したり短文を作ったりしますが、そうした学習がいかに大事かということが、これらの例でよくわかると思います。

これもその場限りでは定着するものではありません。その後の反復練習や応用練習などを、どんな場で、どのようにさせるかといったことまで、授業として指導計画の中に組み込んでおかなければならないことです。機会あるごとに、使わせたり、生きた言葉として書かせたりすることが大事です。

## 使うことで適切な使用方法を理解させる

以前のことですが「唱えた」という言葉を学習した子供が、作文の中で「父が、タバコを買ってこいと唱えた」と書いていましたが、子供というのは覚えた言葉はすぐに応用してみたくなるものです。それなのに、この子供はまだ「唱えた」の使い方に慣れていなかったのです。

したがって、この子にとっての生きて働く言葉として定着していなかったのです。そうした段階では、このような使い間違いはあることだと思います。ほめてやりたくてもそうもいかないといったところですが、どんどん使わせて適切な使い方をわからせ、使いこなせるように導いてやることが大事だと思います。

## 資料 小学生が読めない漢字（正答率五〇％以下だった漢字）

資料として、正答率の悪い漢字（語）を五十音順に並べておきました。

漢字の下のカッコ内の数字は配当学年と出題（調査対象）学年です。例えば「喜（4・5）」は、「喜」は四年生の配当漢字だが、五年生で調査をしたという意味です。

学年の下が出題文例で、その下の……線以下は、わたしの備考です。

合計八八文字ありますが、これらは教育漢字の中でかなり「読み」として抵抗のある漢字だといえそうです。とはいっても、すでに述べたようにこれらの漢字が「読めた・読めない」は、漢字一字の問題ではなく、その漢字を内包する文と文意とのかかわりですから、例文を替えればまた違ってくるかもしれません。例えば「羽音」の場合、「ハ」と読めるかどうかを問うのですが、「羽音」という語を読ませるのでなく、「羽ばたく」とか「羽ぶり」または「羽根つき」などという言葉で文を作って提示すれば、正答率は変わったかもしれません。

❖羽（2・4）文例 羽音を立てて飛び立つ……二年生の配当漢字

❖家（2・3）文例 おおぜいの家来……………二年生の配当漢字

❖快（5・5）文例 快いそよ風……………………書きになると65・4％

❖絵（2・6）文例 絵画館に行く…………………言葉を知らない。書きで「海画館」としている

❖外（2・5）文例　思いの外むずかしい……「ボタンが外れる」は五年生で93・5％

❖角（2・3）文例　四つ角を曲がる……「三角けいをかく」は97％くらい出来ている

❖干（6・6）文例　干害によるひ害……「着物を干す」と訓読みなら読める

❖管（4・5）文例　ゴムの管をつなぐ……「細いガラス管」と音読みならば80％ほど

❖気（1・4）文例　しめり気をもたせる……「気をつける」なら、一年生でも98・7％正解

❖記（2・5）文例　えん筆で記す……「日記」だと二年生で98・4％

❖寄（5・5）文例　お金を寄付する

❖喜（4・5）文例　名高い喜げき役者……「入学の喜び」（四年生）は98％、書きは75％程度

❖九（1・1）文例　きょうは九日……「みかんが九つ」ならば76・6％

❖宮（3・3）文例　王宮の広場……「お宮の森」ならば90％

❖胸（6・6）文例　胸囲を測る……「胸がいっぱいになる」のように、訓読みなら98％

❖橋（3・3）文例　長い鉄橋をわたる……「いつもわたる橋」と訓読みなら99％

❖競（5・5）文例　競馬を見る……「ケイ」はなじみがない。「競争」の「キョウ」なら96％

❖玉（1・6）文例　めずらしい宝玉……「シャボン玉」ならば97％

❖金（1・6）文例　寺院の金堂を見学……「金よう日」は一年生で97％、四年の「お金」は99％

❖苦（3・5）文例　苦りきった顔……「苦いお茶」なら三年生でも90％

❖係（3・3）文例 あとの言葉に係る……聞きなれない言葉

❖経（5・5）文例 年月を経る……「経験」では94％、「経る」の意味がわかっていないのではないか。「減る」と書いている

❖構（5・5）文例 敵を見つけて身構える…「構成を考える」だと96％

❖細（2・2）文例 あつさで食が細る……「細い」「細かい」はまあまあだが「細心」も50％台

❖雑（5・5）文例 雑木林を歩く……「複雑」なら97％。「ザツ」を「ゾウ」と読む言葉（雑巾・雑煮・雑炊など）は少ない

❖三（1・1）文例 ほそい三日月……「三つ」や「さん」（三年生）なら読める

❖蚕（6・6）文例 養蚕のさかんな村……「かいこ」（蚕を飼う）なら90％

❖仕（3・3）文例 人に仕える……「仕事」ならば98％

❖糸（1・6）文例 一糸乱れぬ行進……「いと・糸」なら一年生でも98％、子供にとっては死んでいる言葉であり身近な言葉とはいえない

❖私（6・6）文例 私的な用で出かける

❖私（6・6）文例 私たちも行く……「わたくし」でなく「わたし」だったらどうだろうか

❖治（6・6）文例 地方自治の考え方……音「ジ」（「明治生まれ」）は98％

❖持（3・5）文例 友人の考えを支持する…「持つ」は100％

❖社（2・6）文例 村外れの社……「会社」ならば二年生で95％

❖秋（2・4）文例 秋分の日……「秋風がふく」は二年生で92%、「春分・秋分」の「シュウ」と「シュン」の間違いか？
❖十（1・1）文例 十センチ……「ジッ」という「読み」が難しい。「十円」ならば87%
❖十（1・1）文例 きょうは十日……「十人十色」（五年生）でも19%
❖従（6・6）文例 仕事に従事する……「規則に従う」ならば91%
❖縮（6・6）文例 葉の縮れた草……「短縮」「縮む」は80から90%
❖春（2・5）文例 春分の日……「秋分」との関係
❖上（1・2）文例 川上にむかう……「上ばきをはく」も二年生で80%
❖色（2・5）文例 あざやかな色さい……「十二色のクレヨン」は四年生で94%
❖臣（5・5）文例 家臣をしたがえる……「文部科学大臣」（四年生）なら89%読める
❖神（3・4）文例 天神様の祭り……「ギリシャ神話」（五年生）なら読めたかもしれない
❖正（1・1）文例 まちがいを正す……「正しい」なら一年生でも95%は読める。「正す」という言い方に不慣れ
❖星（2・6）文例 一等星が光る……「星が光る」なら一年生で99%
❖晴（2・3）文例 晴天が続く……「よく晴れた日」なら二年生で96%
❖勢（5・5）文例 勢いよく飛び出す……「体勢を整える」なら五年生でも85%

❖赤（1・5）文例 赤十字の旗……………読みも悪いが書きも悪い

❖折（4・4）文例 折をみて話す…………「右折」は五年生で85％、「ほねが折れる」は四年生で97％

❖節（4・5）文例 節をつけて歌う…………「季節」だと四年生で96％読める

❖説（4・5）文例 人を説き伏せる…………「説明」だと四年生で98％読める

❖船（2・3）文例 のんびり船旅をする…………「船旅」が分からないのだろうか。「風船」は三年生で80％

❖早（1・6）文例 うすら寒い早春…………六年生でも「早春」という語彙が身についていない

❖窓（6・6）文例 車窓からみる景色…………「車窓」が身についていない。「まど」なら100％

❖尊（6・6）文例 仏様の尊い姿…………「尊い姿」を「とうとい」と読ませると、10％ほど上昇

❖尊（6・6）文例 町の人々から尊ばれる…「たっとばれる」の「読み」の正答率は1・6％のみ

❖尊（6・6）文例 村の人々から尊ばれる…「とうとばれる」だと28・7％に上昇する

❖池（2・5）文例 貯水池の水…………「貯水池」という語彙が身についていない語

❖昼（2・4）文例 公園で昼食をとる…………四年生でも「昼食」「とる」という言葉は身近でない

❖頂（6・6）文例 山の頂に立つ…………六年生でも「山の頂」という言葉が身についてない「物を頂く」は同じ六年生で90％ほど

❖田（1・4）文例 田園地帯……「田園」や「田園地帯」という言葉そのものが身についてない言葉。その証拠に「電園」と書いている

❖読（2・6）文例 祖父は読本で勉強した…六年生でも「読本」は身についてない言葉

❖読（2・6）文例 句読点を打つ……六年生でも「句読点」は身についていない言葉

❖日（1・1）文例 えんそくまであと五日…「数日」（すうじつ）となると二年生でも60％くらい

❖納（6・6）文例 商品を納入する……「納入」は身についてない言葉

❖背（6・6）文例 背比べをする……「背番号」なら読める

❖梅（4・5）文例 梅雨前線……「ばいう」の語彙が身についてない。「倍雨」と書く

❖反（3・6）文例 後ろに反り返る……「反対だ」ならば三年生で97％

❖肥（5・6）文例 畑に肥をやる……六年生で「こえ」と読めたもの5％

❖風（2・5）文例 風上ににげる……「かぜ」（二年生）「台風」（三年生）だと読める

❖奮（6・6）文例 勇気を奮う……「奮う」は身についてない言葉。「興奮」は90％が読める

❖平（4・4）文例 平等に分ける……「広い平地」なら90％は読める

❖米（2・6）文例 米作農家が多い……六年生でも0・7％

❖木（1・3）文例 すずしい木かげで休む…「大木」となると四年生で50％

❖本（1・5）文例 ものごとの本を正す……書きも悪い

❖末（4・4）文例 秋の末のことだ……「始末」となると四年生でも90％読める

❖明（2・6）文例 明晩うかがいます……「明晩」という言葉は普段使わない

❖綿（5・5）文例 綿みつな計画を立てる…「たんぽぽの綿毛」ならば五年生で91％読める

❖預（5・6）文例 銀行に預金する……「預ける」ならば五年生で93％が読める

❖羊（3・4）文例 羊毛のセーター……「羊の毛」ならば三年生で94％が読める

❖養（4・6）文例 だいじに養い育てる……「栄養」ならば四年生で93％読める

❖里（2・6）文例 郷里に帰る……「郷里」という言葉が死んでいる言葉

❖緑（3・4）文例 あざやかな新緑の山……「新緑」は四年生でも50％

❖連（4・5）文例 車を連ねて出かける……「連休」「連れて」ならば四年生でも98％

❖路（3・6）文例 家路を急ぐ……「道路」なら三年生で99％読める。「家路」は身近な言葉ではない。死んでいる言葉

❖六（1・6）文例 入学して六月目……「六月」（むつき）が六年生でも正答率9％とは驚き漢数字の読みは一年生以外でもあまりよくない

第三章

# 読める漢字とその考察

生きている漢字・死んでいる漢字

すでに述べたことですが、抽象的な意味を持つ語句、聞き慣れない語句、ふだん自分が使いこなしていない語句、すなわち、「生きている言葉」になっていない語句、「身についてない」語句などが使われている文を、子供たちは難しいと感じるようです。

ですから、経験から遠い語句、身についていない語句は、その子供にとって「死んでいる言葉」または「眠っている言葉」だと言ってよいでしょう。そうした言葉をどのように生きた言葉に変えさせてやれるか、ここに語彙広げの学習指導のポイントがありそうです。

実際、子供がどんな言葉なら読めているのか、このことを、ここでもう少し具体的に検討してみたいと思います。

ここで**【読める漢字】**と言っているものは、**正答率が九九％以上の漢字**です。九九％以上ということは、各学年の児童全員、あるいはそれに匹敵するほどの数字です。

ですから、この学年の子供たちは「こんな言葉なら自由に使いこなしているのだな」「自分の身についた言葉になって、自由に言語生活の中で生かしているのだな」ということが、ここから推測できます。

教育漢字は一〇〇六字ですが、複数の「読み」を持つ漢字がありますので、総数は二〇二六通り、これらを自動詞か他動詞の一方にするなどの整理をして、一八五七通りに絞り込んだ中から、九九％以上の子供が読めた漢字を拾い上げて、各学年別に五十音順で並べてみました。

## 1 ほとんどの一年生が読める漢字〔出題一一九語中二一語（二〇字）〕

❖雨―雨がふる
❖円―百円でかう
❖下―つくえの下
❖花―花のたねをまく
❖気―とじまりに気をつける……「しめり気をもたせる」となると四年生でもだめ
❖見―うみを見る
❖口―口をむすぶ
❖耳―耳で聞く
❖手―手をたたく
❖水―水を飲む……「水よう日」としても一年生で97％
❖赤―しんごうが赤になる……「かおが赤らむ」でも一年生で85％出来る
❖川―川がながれる
❖足―足をうごかす
❖大―大きなからだ
❖竹―竹でつくったかご

❖天―天まで上がれ……………「天の川」となると四年生でも80％
❖田―田んぼではたらく
❖日―お日さまのひかり……………「五日」となると40％に落ちる
❖白―白くまのおやこ
❖白―小さな白い花
❖名―名まえをおしえる

## 分析 ほとんどの字が読めるが「よそ行きの言葉」は正答率が低い

ここに挙げた二〇字（二一語）の漢字は九九％以上の一年生が読めた漢字です。一年生の学年配当漢字中の二五％に当たります。

この数が多いか少ないかの判断は難しいところですが、まあ、初めて漢字に触れる一年生というところから考えて、配当漢字八〇字の四分の一の漢字が、ほぼ全員に近いほど読めているということは、一応評価してよいことでしょう。

この中には漢数字が一字も入っていません。これは「一」（イチ、イツ、ひと、ひと・つ）、「二」（ニ、ふた、ふた・つ）、「三」（サン、み、み・つ、みっ・つ）などのように、訓読みで促音（つまる音）の入る読みまであることに原因があると思われます。「十」（ジュウ、ジッ、とお、と）などの読みは、かなり読みにくいもののようです。「九つ」を「く・つ」と読んだりもしています。

この二一語を見ると、日常生活に密着している漢字ばかりだということが分かります。すなわち、この時期の子供たちの生活のなかで「しっかりと生きて働いている漢字（ワード）」なのです。

「字」「車」「森」「出る」「出す」「小さい」「上げる」「正しい」「先生」「夕がた」「早い」などは九九％以上とはいきませんでしたが、それでも九五％は超えている字ですから、多くの児童が身につけている字だということが分かります。

それに比べて、「休」で「ゆっくり休む」は九五・三％なのに「からだが休まる」となると正答率が八四％に落ちてしまいます。「休む」と「休まる」という言葉の使い方の違いがどれだけ子供の生活と密接であるか、ないか、ということの表れではないでしょうか。

こうしたことは一年生ばかりでなく、上の学年でも表れていることです。

「高さをはかる」「人気が高まる」（共に二年生）では、「高さ」は身近でも「高まる」はよそ行きの言葉と感じたり、「花が散る」「ごみを散らかす」（共に五年生）で「散る」は身近に感じているけど、「散らかす」となると「散る」ほど身近ではないといったことがあるようです。

## 2 ほとんどの二年生が読める漢字 ［出題二五六語中四〇語（三八字）］

❖引―つなを引く
❖園―公園のブランコ
❖家―家のまわりであそぶ
❖歌―歌を楽しむ
❖会―学げい会
❖回―目が回る……………………音読み、訓読みともに出来る
❖絵―絵をかく
❖外―外であそぶ
❖楽―りょこうを楽しむ
❖間―時間がかかる
❖帰―家に帰る
❖記―日記をつける……………「記す」と訓読みになると五年生でもだめ
❖語―国語の時間
❖光―星が光る
❖高―高い山

❖高―高さをはかる
❖黒―赤と黒
❖黒―黒い色でぬる
❖今―今とむかし
❖止―車が止まる
❖春―春が来た
❖書―作文を書く
❖色―色をぬる
❖食―ごはんを食べる
❖心―心にのこる
❖人―三人のこども……………「名人」（ジン）となると三年生でも95％
❖星―星が光る……………「一等星が光る」となると六年生でも55％
❖生―赤ちゃんが生まれる
❖船―船にのる
❖組―二年三組
❖答―たし算の答
❖読―つくえで本を読む

❖買―ほしい本を買う
❖風―そよそよと風がふく……………「風上」となると五年生でも40％しか読めない
❖聞―父の話を聞く…………………「新聞」でも96％読める
❖母―母の日…………………………「父母の故郷」となると六年生で75％になる
❖万―一万円
❖友―友だちとあそぶ
❖曜―月曜日の朝
❖話―わけを話す……………………「話をよく聞く」なら97％、「電話」なら92％

**分析**　**「身についていない言葉」は、読めないし書けない**

一年生の項で「休む」と「休まる」を例にとって、同じ漢字でもそれが語彙として働くことになると、意味内容に深浅差が出てくるから、難しさも異なるということを述べました。

二年生で「高い山」と「高さをはかる」「人気が高まる」という出題がありますが、「高い」と「高さ」と「高まる」という言葉の、子供の言語生活への身近さを考えれば、正答率もどれが高いか、どれが低いか、予想がつくと思います。

調査の結果を見てみましょう。「高い山」が一〇〇％、「高さをはかる」が九九・二％、そして「人気が高まる」は九四・六％となっています。いずれも、ほぼ九五％以上ですから正答率としては決して悪くないと思います。

しかし、「高い」と「高さ」は、この場合「上方への距離が大きい」あるいはその度合いをいう言葉ですが、「高まる」は「物事の程度や水準が高くなる」ことに使い、この三つの語彙の中では「高まる」はもっともよそ行きの感じがするのではないでしょうか。

「人気が高まる」というのは「次第に高くなる」という意味ですから、ほかの二つとは違った意味合いがあります。やはり、よほど、この言葉を見慣れたり、読み慣れたり、使い慣れることが必要になりましょう。

このことは「よわい」「よわる」「よわまる」でも同じです。「さむさに弱い」は九五・三%、「びょう気で弱る」が九三・二%、「風が弱まる」となると八六・五%となります。「読み」でさえこうした違いが出るのですから、書き取りとなったら、やはり、もっと正答率は低くなることでしょう。

念のために「書き」の正答率を見てみましょう。

「さむさに弱い」は八七・九%、「びょう気で弱る」が八三・七%、「風が弱まる」となると六七・四%。やはり予想通りでした。「読み」の正答率よりかなり下がっています。

両者を並べて比較してみます。

◆出題文 さむさに弱い ………読み 九五・三% 書き 八七・九% 差 七・四%
◆出題文 びょう気で弱る ……読み 九三・二% 書き 八三・七% 差 九・五%

◆出題文 風が弱まる …………読み 八六・五％ 書き 六七・四％ 差 一九・一％

ここでも「読めない漢字は書けない」「知らない言葉は読めない」が、歴然と表れたようです。

そればかりではありません。語彙というものは、同じ「弱」でも「弱い」「弱る」「弱まる」という送りがなのついた言葉の違いによって身近さが違い、それぞれ別の言葉として生きて働くということです。このことは「高い」「高さ」「高まる」でも同じことでした。

こうした例は少なくありません。

「音」と「音色」とか、「語る」「語らう」など正答率にかなりの差が出ます。「音」は九五・五％の子供が読めるのに「音色」になると五三・三％に落ちてしまいます。子供にとって「電車の音」のように「おと」という言葉はなじみのある言葉で、自由に使いこなせる言葉になっていますが、「音色」となると自分の言葉ではなくなるのです。

「語る」も「話す」とか「話し合う」に比べればよそ行きの言葉ではありますが、それでも八八・一％の正答率です。ところが「語らう」となると、これはもう書物の中の「読み言葉」の世界です。出題は「親子で語らう」ですが、この正答率はぐぅんと下がって三九・四％しかありません。二年生の子供にとっては、「語らう」などという言葉は背中がむずがゆくなるような言葉なのでしょう。

自分にとって身近な言葉、生きて使える言葉になっていれば「読み」も「書き」も問題ないのですが、「身についていない言葉」は読めないし書けないということです。これはどの学年にも共通することです。したがって、一つひとつの言葉として丹念に身につけていかなければなりません。

## 3 ほとんどの三年生が読める漢字 〔出題三五四語中三〇語（三〇字）〕

❖飲―水を飲む……………「飲料水」という熟語になっても六年生では97%

❖泳―川で泳ぐ

❖屋―花屋のおじさん

❖温―温度をはかる……………「温かい」「温める」より「温度」の方が身近な言葉であることがわかる

❖回―一回でできる

❖界―世界一高い山

❖開―まどを開ける……………「開会のあいさつ」（四年生）より、「まどを開ける」の方が成績がよい

❖階―階だんを上る

❖漢―漢字を書く

❖起―早く起きる……………「起立」と熟語になると四年生でも79・7%にさがる
❖球―野球をする
❖橋―いつもわたる橋……………「鉄橋」と音読みになると36・4%
❖向―うしろをふり向く
❖始―サッカーを始める
❖子―電子レンジに入れる………「様子」や「子ども」よりよい
❖死―死んだおじいさん…………「虫の死がい」のように音読みでも訓読みでもほとんど変わらず
❖歯―歯をみがく………………「歯科医院」は五年生でも74・8%しかない
❖事―仕事をする………………「食事」（音読み）でも変わらず
❖持―かばんを持つ……………「支持」は五年生でも68・8%
❖写―写真をうつす……………「文を書き写す」は78・7%に落ちる
❖暑―夏は暑い…………………「暑中見舞いのはがき」は五年生でも85・4%
❖消―火を消す…………………「消える」でも「消す」でも大差なし。共に身についた言葉
❖勝―すもうに勝つ……………「勝負」は四年生でも89%。「勝つ」と「勝負」では身近さが違う
❖真―写真を整理する…………「写」も「真」も「写真」で理解・定着している

❖世―世界一高いビル……………四年生は「二〇世紀」でも「世の中」でも95%ほど読める
❖倍―二倍も高い山
❖鼻―ピノキオの鼻
❖物―おいしそうな食べ物…………「植物」「荷物」でも97%くらい読める
❖鳴―ベルが鳴る
❖有―有名な山

**分析 「生活に密着した言葉」は、和語・漢語の違いがない**

三年生になると、読める漢字が少なくなってきます。一、二年生に比べてずいぶん正答率が下がってしまいました。とはいっても、ここに挙げたのは、ほぼ一〇〇%の子供が読める字ですから、少ないように思うのですが、読める漢字の率のボーダーラインを九五%くらいまで下げれば、四二%ほどの言葉は読めているのです。

これは決して悪い数字ではありません。正答率を九九%という高率な位置に持っていった結果が八・五%なのですから、正答率九五%以上と九九%以上の間には四〇%もの読める子供がいるわけで、そう捨てたものではないのです。

さて、漢字の習得の問題になりますが、三年生配当漢字の「写」(シャ、うつ・す、うつ・る)という字の場合、「写真」という熟語と「書き写す」とで正答率はどちらが上でしょうか。

「写真」が一〇〇%なのに対して、「書き写す」は七八・七%です。子供の生活に身近なのは当然「写真」です。「真」も「写」と一体になって「写真」という言葉で覚えてしまいます。「写真」は見慣れ、読み慣れ、書き慣れ、話し慣れ、聞き慣れている言葉、すなわち、「使い慣れて身についている言葉」なのです。

「持つ」と「支持する」ではどうでしょうか。これも訓読み熟語の「持つ」の方が身についている言葉です。「支持」という熟語はなじみが薄いので正答率も六八・八%しかありません。「夏は暑い」と「暑中みまいのはがき」では「暑い」が九九・二%なのに対して「暑中見舞い」という熟語になると八五・四%と下がってしまいます。

こうしてみると、訓読み熟語と音読み熟語のどちらが子供にとって生きた言葉かというと、一見、訓熟語のように思えるかも知れませんが、これは、どちらともいえません。「写真」のように、音読み熟語の方が身近な言葉もあれば、「持つ」や「暑い」のように訓読み熟語の方が身近な言葉もあります。「温」の場合も「温かい」「温める」より「温度」の方が身近な言葉なのです。やはり、生活に密着した言葉というのは、現在の日本語では和語・漢語という区別はないものといえそうです。

自分のものになりきっている熟語はすべて生きている言葉なのです。「食べ物」でも「植物」でも「荷物」でも、使い慣れている言葉は、生きている言葉、身についた言葉なのです。「漢」について「漢字を書く」という文例での出題がありますが、面白半分にこの漢字の正答率を調べてみましたら、「読み」が九九・二％。「書き」が九二・五％でした。ホッとしたというか、「よかった」と思ったものでした。

## 4 ほとんどの四年生が読める漢字［出題三七〇語字中三三語（三二字）］

❖愛―人を愛する……読めない子供はいません。「書き」でさえ75・4％の正答率

❖案―客を案内する

❖以―八時間以上ねむる

❖意―注意してみる

❖栄―栄養のある食べ物……訓読み「栄える」は五年生でも73・2％

❖億―今から十億年前

❖覚―字を覚える……「するどい感覚」（五年生）は86％ほど。四年生の「目が覚める」は93％

❖願―お願いする……「願書」となると77・2％、身近な言葉ではない

❖議―不思議に思う

❖急―急に寒くなる……「急いで歩く」は三年生で91・7％

❖泣―悲しくて泣く……音読みの「キュウ」は調査なし

❖金―お金をわたす……………音読み「コン」になると六年でも30％
❖好―大好きな先生…………「好む」は五年生で98・4％、「好調」は同じ五年生で92・1％
❖最―最高のできばえ………「最も」は五年生で93・6％
❖察―虫の観察をする
❖散―散歩する道………………訓読み「花が散る」「散らかす」は共に92％
❖産―たまごを産む……………「産地」（96％）よりよい
❖死―虫の死がいを見る………訓読み「死ぬ」は98・3％
❖氏―自分の氏名を書く………「うじ」の調査なし
❖辞―国語辞典を引く
❖祝―たん生日を祝う…………「祝電」は65・6％
❖初―六月の初め………………「初夏」は73・2％
❖初―初めて笑う
❖然―自然を観察する…………「天然」だと96・9％
❖卒―卒業式に出席する
❖梅―松と梅をかざる…………五年生でも「梅雨」となると読めない
❖飯―ご飯のしたくをする……「にぎり飯」は91・9％、「ご飯」「めし」は日常語として定着
❖飛―空を飛ぶ…………………「飛行機」でも97％

❖副—副会長に選ばれる………下の「会長」がヒントに。「□会長」で四角の言葉は「副」と分かる

❖変—けしきが変わる………「変化」だと97％

❖法—いろいろな方法

❖勇—勇気を出す

❖量—雨の量を調べる………「量る」は六年生で96・9％

## 分析「訓読み言葉の指導」は意識して反復練習を

三年生、四年生と、低学年から中学年に進むにつれて、読める漢字の正答率が下がっていきます。

読める漢字のうちの半分が音読みの熟語です。ですから、読める漢字（語彙）は訓読み熟語でも音読み熟語でもどちらが難しいということはいえません。和語だろうと、熟語だろうと、生活から離れているワード、身についてないワード、自分にとってよそ行きのワードは難しいのです。この場合、「ワード」は「漢字」あるいは「熟語」と言い換えてもよいでしょう。

四年生では九九％以上の正答率を示した漢字（「読める漢字」）が三二字（三三語）ありましたが、この中で「覚」を「おぼえる」、「願」を「ねがう」のように訓読みにした言葉は、ほかに「泣く」「お金」「好き」「産む」「祝う」「初め」「梅」「変わる」の一〇個ほどでした。

「量」などは「はかる」とも「リョウ」とも読みますが、「はかる」は「分量を量る・気持ちを量る」など、単独の「量る」という使い方をする言葉としては、「推し量る」くらいでしょう。ほかはすべて「音量・技量・水量・声量」など漢字熟語ですから、そうした言葉が身についた言葉ということになり、「量る」はめったに見ない言葉ということになりそうです。「石の重さを量る」のように出てきたところで、十分な指導が必要になります。

「用いる」や「直ちに」「養う」「有る」「無い」「便り」などもそうした性質の言葉（音読み熟語の方が多い）ではないかと思われます。語彙指導の際、指導者はとくに意識して反復練習の機会を持たせるよう仕向けることが必要になる言葉でしょう。

## 5 ほとんどの五年生が読める漢字 〔出題三六一語中一六語（一六字）〕

❖解—よく理解する
❖格—試験に合格する
❖確—答を確かめる
❖穴—穴から出てきた虫
❖犬—名犬ラッシー
❖減—水が少しずつ減る

❖限―見わたす限りの銀世界
❖際―実際にやってみる
❖止―雨のため中止する
❖飼―うさぎを飼う
❖選―リレーの選手……「委員を選ぶ」だと四年生で96％
❖素―酸素が不足する
❖燃―赤々と燃える火……「燃料」としても88％の好成績
❖味―作品を味わう
❖夢―楽しい夢をみる
❖冷―友達を冷やかす……「冷やあせ」でも96％

**分析** **語彙を増やすためにも「読書量」を増やすこと**

一六字のうち九文字が訓読みで使われている言葉です。抜き出してみると「味わう」「夢をみる」「冷やかす」「確かめる」「穴」「減る」「限り」「飼う」「燃える」となります。この中で画数の少ない漢字といったら「穴」（五画）「冷」（七画）「味」（八画）くらいのものでしょうか。画数が少ないから易しい漢字だとはいえませんが、「限」でさえ九画ですから、ほかはすべて一〇画以上の漢字です。

漢字の場合、画数が多いから難しい字だということはないのです。「燃」などは見た目にはかなり難しいといわれそうな漢字ではないでしょうか。それなのに「よく読める漢字」の中にリストアップされています。「選」もそうでしょう。「燃」は「燃える」「燃やす」であり、かなり生活に密着した言葉です。「選」も同じです。「選手」は日常語といってもいいでしょう。学校などでは常に使っている言葉です。

五年生の正答率があまりにも低いので、ボーダーラインを九五％まで下げて調べ直してみました。

ぎりぎり九五％も入れて数えると、九五％以上の正答率を採った漢字が一五四字ありました。全体の四二・七％にあたります。これなら「五年生は漢字が出来ない」とは言わないでしょう。しかし、印象としては、やはり「出来ないなあ」「ひどいなあ」と思うような内容でした。

「家来」「快い」「思いの外」「ゴムの管」「寄付」「競馬」「苦りきった」「経る」「身構える」「支持する」などは五〇％にも満たない漢字ですから、推して知るべしではないでしょうか。

［資料］小学生が読めない漢字」（一〇〇ページから）の項を見てください。

訓読みの言葉であろうと、音読みの言葉であろうと、画数の多い漢字であろうと、画数の少ない漢字であろうと、こうした条件は、子供の読める字、書ける字には関係ないのです。

では何がポイントになるのでしょうか。

ただ一つ、その言葉がその子供の五体の中で息づいて、生きているか否かということだけです。

生きている言葉なら子供は読みますし、書きますし、日常生活の中ですんなりと使います。使えば使うほど自分のものになります。自分のものになれば身近な字になります。書けるようになりますし、読めるようになります。そうして日常生活の中で使いこなせるようになります。漢字学習の基本はここにあります。

大事なことは、学習した漢字が十分に日常生活の中で使いこなせるようになることなのです。「使いこなせる」中身には「ここではこの漢字を使わなければならない」というところでは、的確にその漢字が使えるようにすること、「この漢字は間違った使い方をしている」と的確に指摘できるような力を身につけさせることも含みます。そうして、自分の読み書きを含めた、言語生活を豊かにさせることです。そうしたことからいえば、言葉広げの学習は、高学年において、もっともっと力を入れてやるべきだといえそうです。

国語の教科書に何度も出てくる字、概念のはっきりした字、こうした漢字はよく覚えられる字です。これは低学年ほどそうした傾向が強いようです。そうしてみると、五年生までに、教科書を中心にした漢字や語彙や文・文章の書き取りをたくさんやらせることが大事です。

さらには、五年生、六年生になると、新出文字ばかりでなく、読み替え漢字なども含めて漢字が何度も出てきますから、おさらいも兼ねて、熟語ばかりでなく、語彙を増やすためにも読書をさせることが大事です。

知識を増やし語彙を増やすことをすれば、教科書以外の、その他の環境の中で学んだ言葉も覚えます。それらの字はよく知っている事物を指す字ですし、自分たちに必要な字ですから、わりあいたやすく覚えることができます。

この時期に読書生活を充実させることは、児童時代の仕上げの時期として、もっとも実行させなければならない時期だと思います。

## 6 ほとんどの六年生が読める漢字 ［出題三九七語中四二語（四一字）］

❖映―目に映る景色
❖灰―灰色の空
❖閣―内閣総理大臣
❖学―音楽を学ぶ
❖巻―紙を巻きつける
❖干―着物を干す
❖机―机で勉強する……………「勉強」にヒントあり？
❖供―子供たちの声

❖系—太陽系
❖呼—名前を呼ぶ
❖皇—天皇誕生日……………………「皇后陛下」（コウ）という読みになると81％
❖紅—紅白歌合戦……………………「うす紅色」となると85％
❖降—車から降りる
❖骨—骨の折れる仕事
❖砂—砂を落とす
❖冊—一冊の本
❖誌—雑誌を読む
❖捨—ごみを捨てる
❖若—母の若い時の話を聞く
❖針—針でぬう
❖洗—洗たくをする
❖洗—あせを洗い流す
❖操—体操の選手
❖窓—窓から入る風……………………「車窓」となると35％
❖臓—心臓の音を聞く

❖担―担任の先生

❖誕―誕生日のプレゼント

❖痛―のどが痛む……………「頭が痛い」でも98％

❖糖―砂糖を入れる

❖届―落とし物を届ける

❖背―背番号をつける……………「背比べ」となると「せい比べ」と読めなくなる

❖班―班ごとに分かれる

❖武―武士の暮らし……………「武者人形」となると五年生では60％

❖並―店の前に並ぶ

❖閉―口を閉じる……………「戸を閉める」だと六年生でも95％

❖片―片手で持つ

❖暮―楽しく暮らす……………「暮れる」でも六年生なら95％

❖宝―宝にしている物……………「宝玉」となると六年生で75％

❖忘―忘れ物をとどける

❖枚―三枚の紙

❖優―野球大会で優勝する

❖卵―ゆで卵をたべる……………「ゆで□を食べる」でも推測で「卵」だとわかるだろう

## 分析「読める漢字」はすべて平凡な日常語

ここで一年生から六年生まで、「読める漢字」の割り合いを見てみましょう。

◆一年生……一七・六％　◆二年生……一五・六％
◆三年生………八・五％　◆四年生………八・九％
◆五年生……四・五％　◆六年生……一〇・六％

何度も何度も経験した字は、よく読めるし、よく書けるはずです。そうすると、一年生よりも二年生、二年生より三年生というように、学年が進めば進むほど、覚える字数はもちろんのこと、読んだり書いたりする回数も多くなりますから、身につく字数も多くなるのは当然です。それなのに、右のどれもが「読める漢字」のパーセンテージは一年生から六年生まででほとんど同じです。

とはいっても、いくらかの学年の傾向はあるわけで、それを少し詳しくいえば、一年生、二年生は読める漢字の数が多く、三、四、五年生と一桁台に落ち、そしてまた六年生で盛り返すという形をとっています。

学年が進めば進むほど、読んだり書いたり、使う回数が多くなるのですから、一学年上がるごとにパーセンテージもよくなってよさそうなものに……と思う人もいるのではないでしょうか。でも、この調査は違います。

各学年の配当漢字を中心に、読み替え字を入れて、その範囲内で調べているのですから、学年が進むにつれて読み書きの経験回数が多くなった字ではないのです。まあ、各学年、同じような条件で、漢字の字種が異なるという程度でしかありません。

ですから、ほぼ同じような率なのですが、それにしても五年生はガタッと落ちていますし、六年生でよく盛り返したと思えるような数字です。

六年生がよく盛り返したとはいっても、「読める漢字」の一覧を見ていただくとわかるように、ほかの学年同様、抽象概念を表すような言葉もなければ、聞き慣れない特殊な言葉もないし、慣用句も熟字訓もない、すべて平凡な日常語ばかりです。

この四二語の中でちょっと難しいかなと思われるのは「太陽系」かな？　とも思いますが、この出来具合は九九・三％です。すごいものです。

まあ、考えてみれば「太陽」は二年生か三年生で学習済みですし、問題は「系」だけです。六年生にとっては「太陽系」など日常の話題程度のものかもしれません。地球をはじめ、火星も木星も、そのほかの惑星とその衛星などの話は、人工衛星の話と相まって、この年代の子供たちには興味深いものなのかもしれません。

念のため「系」についての「書き」の正答率を見てみましょう。七九・四％となっています。まあ、「書き」の力としてはこんなものでしょうから、やはり「太陽系」くらいは読める漢字であることは間違いないようです。

しかし、書きの誤答例を見ると、「太陽系」を「太陽係」や「太陽計」と書く誤答があるというのは気がかりです。

「漢字が読める」ということは、そのことが目的ではなく、漢字の学習そのものが、意思を伝達するための文章が的確に読めたり書けたりするために大事な学習なのですから、あくまでも漢字が目的ではありません。何度も言いましたが、漢字は言葉です。言葉には意味があります。深い深い意味を持っています。それが言葉です。

そのことを、実例をもとに考えてみましょう。

**地下足袋の穴から親指がおれをみる**　（作者不詳）

まず、この「地下足袋」が読めるでしょうか。とはいっても「地下足袋」を「じかたび」と読めて「厚いゴム底をつけた労働用のたび」だとわかったところで、それだけでこの句の意味が理解できるとは思えません。

この「地下足袋」はただの地下足袋ではありません。日雇い労働者がやっとの思いで買い求めた、たった一足の地下足袋でしょう。子供にはこの句に表れている地下足袋がわかるでしょうか。

「さて、今日も職にありつけてありがたいことだ」、彼はこう思いながら、健康な体に産んでくれた両親に感謝し、足袋を履こうとしているのでしょう。座りこんで「こはぜ」などをとめようとしてうつむいている姿が目に浮かびます。

しかし、これまで大事に大事に履いてきた地下足袋も、指の穴が開くほど擦《す》り切れてきています。足を突っ込むと破れた穴から親指が顔を出しているのです。その自分の親指までが日雇いの自分をあざ笑っているように彼には思えたのでしょう。

読んだ人が、苦労している同じ境遇の人だったら、どう感じるでしょうか。失業の経験のない恵まれた人に、この作者の心がどれほど深くわかるでしょうか。

子供たちに自分が「親指」になったつもりで、「おれ」に話しかける言葉をかけさせたり、視点を変えて「おれ」になったつもりで、彼の思いを書かせるのも面白いかもしれません。

また、「地下足袋の穴」という「穴」も、読めば単なる「あな」ですが、この句では単なる「穴」ではありません。どんな思いのこもっている「穴」なのか、そうしたことが、この「穴」という字の中には詰まっているのです。

こうした経験を直接的、間接的に思い出しながら、あるいは想像しながら、読まなければならないのです。だからこそ「漢字は言葉」なのです。その言葉を理解するには漢字の持つ深い意味内容を知り、その出来方の含蓄に思いを馳せながら文を読むのです。

「店の前に並ぶ」でも「楽しく暮らす」でも、すべて、子供が読めたからといって、それは「店」「前」「並ぶ」と発音できただけでしかないのかもしれないのです。

六年生くらいでは、それぞれの意味内容まで把握するような「読み」を期待してよいと思います。「店の前に並ぶ」「楽しく暮らす」という文から、それぞれの情景を思い浮かべる読み、それが「読み」だと思います。

第四章

# 書けない漢字とその考察

## 生きている漢字・死んでいる漢字

# ① 一年生の書ける漢字と書けない漢字

## 一年生の書ける漢字 ［正答率90％以上・出題一一九語中七九語（五七字）―66・4％］

❖一―一年生
❖王―王さまのおしろ
❖火―火ようび
❖貝―貝がらをひろう
❖空―青い空
❖見―うみを見る
❖口―口をむすぶ
❖三―三年生
❖子―子どものこえ
❖四―本が四さつ
❖七―七いろのにじ
❖車―車にのる
❖十―十センチ

❖右―右の手を上げる
❖下―つくえの下
❖火―火をけす
❖休―からだが休まる
❖月―月よう日
❖見―花を見せる
❖校―学校へいく
❖三―三つのやくそく
❖四―子どもが四にん
❖糸―糸でつなぐ
❖七―七つになる
❖手―手をたたく
❖十―きょうは十日

❖円―百円でかう
❖下―かいだんを下りる
❖花―花のたねをまく
❖金―金よう日
❖月―まるいお月さま
❖五―五にんであそぶ
❖左―左がわのいえ
❖山―たかい山
❖四―四つひろう
❖七―七月のはじめ
❖車―じてん車にのる
❖十―十円だま
❖出―そとに出る

❖女—女の子のなまえ
❖上—つくえの上
❖人—男の人
❖生—先生のつくえ
❖石—小さな石
❖赤—かおが赤らむ
❖大—大いそぎでいく
❖竹—竹でつくったかご
❖田—田んぼではたらく
❖二—りんごが二つ
❖八—もうすぐ八月
❖木—木のえだがゆれる
❖目—目をさます
❖六—六さいになる

❖小—小さなひよこ
❖上—にもとをもち上げる
❖水—水よう日
❖青—青いようふく
❖赤—しんごうが赤になる
❖川—川がながれる
❖大—大きなからだ
❖中—つくえの中にしまう
❖土—土よう日のあさ
❖日—日ようびのあさ
❖文—みじかい文をつくる
❖本—本をよむ
❖立—まっすぐ立つ

❖小—小石をあつめる
❖森—森の中
❖水—水をのむ
❖夕—夕がたのかぜ
❖赤—赤いぼうし
❖大—大すきなたべもの
❖男—男のこの名まえ
❖町—町へかいものにいく
❖二—二ひきのねこ
❖日—お日さまのひかり
❖木—木ようびのよる
❖名—名まえをおしえる
❖林—林の中のみち

## 一年生の書けない漢字［正答率50％以下・出題一一九語中ゼロ—0％］

## 分析「提示する漢字を増やせ」、読ませるべし

驚いたことに一年生では正答率が五〇%に満たないという、いわゆる「書けない字」はありませんでした。正答率七〇%以下を探しても、次の四字しかありませんでした。

❖犬―犬のなきごえ（六九・二%）……「音・ケン」は五年生出題
❖五―きょうは五日（六八・四%）……「訓・五つ」は八六%
❖九―みかんが九つ（六五・八%）……「音・キュウ・ク」「訓・ここの・九日」
❖三―ほそい三日月（五五・一%）……「音・サン」「訓・みっつ」は九九%以上

一年の出題一一九語のうち四字だけですから、全体の三・四%でしかありません。この調査結果からいえば、一年生はほとんどの子供が配当漢字の多くを何の抵抗もなく書けるようです。「読める漢字」（正答率九九%以上）は配当漢字八〇字の中で二〇字でしたが、この数は正答率を九〇%以上にラインを下げれば八四語（調査数一一九語のうち七〇・六%）が「読める漢字」です。

なぜ書けるのか、その理由は前の「書ける漢字」七九語を見ていただければわかります。読める漢字のほとんどは書けています。

一年生の配当漢字八〇字の中の五七字（読み替え字を入れれば七九語）が書けているわけですが、これらの漢字を使った文は、どれも日常生活で子供たちが自由自在に扱える言葉で

あり、身についている言葉です。書けて当たり前といった感じではないでしょうか。

今どきの一年生は入学前から文字文化に触れる機会が多く、その量は多いのですから、読める漢字の量が多くて不思議ではありません。

そもそも、一年生の配当漢字が八〇字という基準はあってよしとしても、制限として厳しく守らせようとする教育のあり方はいかがなものかと思うのです。また、配当漢字の八〇字について、教えたのに出来ない、学力低下だ、と大騒ぎすることがあるのでしょうか。

教えても出来ない（読めない、書けない）字はあるわけですし、学校で教えなくても読んだり書いたり出来る字もあるのです。

漢字の読める、読めないは個人差があるのは当然のこと、つまり、一度学校で教えたものは絶対に書けるはずだとか、書けなくてはならないということでもないような気がします。ましてや、教えない字は使ってはいけないなどというのもおかしなことです。

出題の用例文を見てください。

「五にんであそぶ」「子どもが四にん」「男のこの名まえ」「土よう日のあさ」「日ようびのあさ」「木ようびのよる」「お日さまのひかり」……

このような表記自体に問題があると思いませんか?「五にん」は「五人」、「四にん」は「四人」、「男のこの名まえ」は「男の子の名前」でよいではありませんか。「五人」「四人」「男の子の名前」といったような表記が一年生の子どもに大きな学習の障害になるとでも思っているのでしょうか。むしろ、例文のような表記こそが、学習の障害になっているのではないでしょうか。

ことに一年生の場合、ひらがな、カタカナ、漢字といった字種の、はっきりした区別はついていないのではないかと思われるところがあります。「下」を習えば「いきま下」のように書き、「目」を習えば「つ目たい」と表記するなどは、一年生の担任ならば誰もが経験することです。

子供たちは「習った漢字はどんどん使え」と言われるから、このような表記が間違った使い方だとも思わずに書いているのかもしれません。しかし、表記というのは日本語を書き表す一つの約束です。社会に通用する決まりです。そこに表れたものは社会一般で通用しないものではいけないのです。

教科書では一年生に読ませるものは、一年生配当の八〇字以外使ってはいけないと思っているみたいです。こんな考え方をしていたら、子供の漢字力、日本語力は育ちません。

当たり前ながら、日本文の書き方は次のように書くことになっているのです。

◆「五にんであそぶ」→五人で遊ぶ　◆「子どもが四にん」→子供が四人
◆「男のこの名まえ」→男の子の名前　◆「土よう日のあさ」→土曜日の朝
◆「日ようびのあさ」→日曜日の朝　◆「木ようびのよる」→木曜日の夜
◆「お日さまのひかり」→お日様の光

この調査でもわかるように、一年生の子どもに、たったの八〇字しか見せない、読ませない、使わせないということ自体が問題なのです。

なぜ、配当漢字をこのような制限文字として用いるのでしょうか。「五にんであそぶ」は「五人で遊ぶ」と表記してルビを用いればよいことです。一年生でも十分読む力があるのです。「五人で遊ぶ」という【言葉】（漢字ではない、言葉です）のどこに抵抗があるでしょう。書き言葉として子どもに提示する場合、「五人《にん》で遊《あそ》ぼうよ」、「子どもが四人《にん》」あるいは「子供《ども》が四人《にん》」、「男の子《こ》の名前《まえ》」でよいではありませんか。

ただし、一年生にもっとたくさんの漢字を「教えろ」と言っているのではありません。「教える」ことと、自然の形で「提示して」覚えさせてしまうこととは別です。教科書に提出した字はすべて「教える」ものと思わないことです。子供が自分で読むことが出来るようにしておいてやればよいのです。

入学前の生活の中で、一年生といえども読書などによって多くの文字世界に触れているのです。一年生に「互いに切磋琢磨しなければなりません」などという表記をした文を読ませるとか、書かせるというのなら、それは、わたしも首をかしげるでしょう。「切磋琢磨」などという熟語とその読み書きを一年生に学ばせるよりも、「コンチュウ」を「こん虫」などとしないで「昆虫」と表記した文を見せる、「コウチョウセンセイ」を「校ちょう先生」としないで「校長先生」と表記して提示する、といったことの方がどれだけ大事か知れません。

なぜならば、「切磋琢磨」は一年生の生活用語ではありませんが、「昆虫」や「校長先生」は彼らの生活用語そのものだからです。

ところが今の教育では、「昆虫」の「昆」が教育漢字外の字だからといって「こん虫」と書き、「長」は二年生の配当漢字だから一年生にはひらがなで提示するというのです。これでは、小学校を終えて中学生にならなければ、そして下手をすれば義務教育を終えるまで、「昆虫」と書いたり読んだりすることを知らないで過ごしてしまいます。

教科書に取り上げられている語句だとか子供が読む読み物などによって、子供の読む経験を広げることが言葉の能力を増大させる基礎になります。一年生には一年生のこの時期にこそ経験させ、生活経験に即して言語教育をしていくことが、真の言語能力を養う最も有効な方法だと思うのです。そうした考え方で「昆虫」という言葉を使うのなら、やはり「コンチュウ」の表記は「こん虫」ではなくて「昆虫」でしょう。

一年生に読ませる文章は一年生にマスターさせる、あるいは一年生に適した文章として、きちんとした形で表記すべきです。「日ようびのあさ」は「日曜日の朝」「お日さまのひかり」は「お日様の光」という表記にすべきです。

ここで誤解のないように付け足しておきたいことがあります。

それは一年生の場合、一学期の初めごろは特別だということです。ひらがなを書かせても「く、せ、や」などを左右反対に書く子供がいます。漢字も形をはっきり見分けて、正確に再現しようとする意欲はあっても、まだ手先を細かく動かすことの出来ない子供もいます。そうした時期にたくさんの漢字の書きまで要求するのは無理ですから、書くことよりも読むことに力を注ぐのがよいと思います。

この調査を一年生の実態ととらえるならば、八〇字くらいは覚える能力のある子供たちですから、もっともっと、たくさんの漢字を読ませたいものです。今どきの一年生はひらがなやカタカナの大部分は入学前に読めるようになっています。一学期はそれの定着に力を注ぐべきでしょう。この時期の一年生には、漢字の問題以外の、精神的・身体的な負担が大きいことを考慮しながら、学校生活に慣れさせなければならないからです。

## ②二年生の書ける漢字と書けない漢字

### 二年生の書ける漢字〔正答率90％以上・出題二五六語中九二語（七二字）―35・5％〕

❖引―つなを引く　❖羽―虫が羽をうごかす　❖音―音楽をきく
❖何―何もない　❖何―何かいもれんしゅうする　❖回―目が回る
❖絵―絵をかく　❖外―外国のしゃしん　❖外―外であそぶ
❖楽―音楽をきく　❖楽―楽しいあそび　❖楽―りょこうを楽しむ

❖丸—丸首のシャツ
❖牛—牛にゅうをのむ
❖兄—兄弟なかよくする
❖言—はっきりと言う
❖語—国語の時間
❖考—よく考える
❖高—人気が高まる
❖黒—黒い色でぬる
❖細—細いひも
❖紙—紙に絵をかく
❖時—時間がかかる
❖社—父の会社
❖小—小学校のにわ
❖少—少し休む
❖食—えさを食う犬
❖図—地図を見る
❖生—生き物を大切にする

❖丸—目を丸くする
❖魚—小さな魚
❖兄—兄と遊ぶ
❖古—ようふくをき古す
❖公—公園のブランコ
❖行—学校へ行く
❖国—国語のノート
❖今—今週の金曜日
❖止—車が止まる
❖寺—お寺のかね
❖時—その時のことだ
❖書—図書かんの本
❖小—小石をあつめる
❖色—色をぬる
❖食—ごはんを食べる
❖図—図書かんの本
❖生—赤ちゃんが生まれる

❖記—日記をつける
❖近—家に近い
❖元—元気のいい子
❖午—午後になる
❖光—日の光をうける
❖高—高さをはかる
❖黒—赤と黒
❖才—五才のいもうと
❖思—思ったことを言う
❖自—自分でやる
❖七—九月七日
❖書—作文を書く
❖少—人が少ない
❖食—夕食のしたくをする
❖人—三人の子ども
❖正—お正月
❖声—大きな声

❖前―前のほうを見る
❖組―二年三組
❖多―百より多い

❖太―太ったねこ
❖体―体いくかん
❖体―大きな体

❖中―中学生のおにいさん
❖朝―朝早く目をさます
❖直―まちがいを直す

❖土―土をほりおこす
❖冬―さむい冬がやって来る
❖東―東京にすむ

❖東―東の空があかるくなる
❖同―同じものをあつめる
❖読―つくえで本を読む

❖肉―やき肉をたべる
❖入―中に入れる
❖年―年をとる

❖父―父の日
❖分―自分でやる
❖米―米つぶほどの大きさ

❖母―母の日
❖北―つめたい北風
❖万―一万円

❖野―野原であそぶ
❖友―友だちとあそぶ
❖話―電話をかける

❖話―わけを話す
❖話―話をよく聞く

## 二年生の書けない漢字 ［正答率50％以下・出題二五六語中五語（五字）―1・9％］

❖家―農家の多い地方
❖会―えきで友だちと会う
❖空―せきが空く

❖生―花を生ける
❖足―しおを足す

### 分析 「読み方を知れば書きたくなる」、その意欲を子供任せにしない

問題文を読んでみてわかるように、低学年の段階で扱われる語句はほとんど日常生活の中

にあるものであり、初めて接する「語や漢字」の多い中学年以降とは、だいぶ条件が違います。それゆえに、読み書きともに漢字の習得もしやすいのだと思われます。

以前、一九六六年ごろ（昭和三九年から三か年にわたる文部省文化局国語課の調査）から、低学年の読み書きの習得率が極めてよいことはいわれていました。今回のこの調査でもそのことはいえそうです。読むことはかなり早くから始めてもよいことがわかりますし、二年生ではそれに伴って書くことも行ってよいのではないでしょうか。とはいっても、書く力は読む力と同じだとはいえません。そのため、習得率がよいというわけにはいきません。

けれども（習性といってよいかどうかわかりませんが）、低学年は読み方を知れば書きたくなるという習性があります。学習意欲が強いのですから、自分で見たり聞いたりしながら書けるようになろうとします。その意欲を彼らに任せておくだけではいけないということはいえそうです。

書字経験の浅い子供たちですから、いい加減な書き方で勝手に書くこともあり、字画を誤って覚えたり、後で困難を伴うような書き癖がついたりしないとも限りません。筆順の原則もまだしっかりと理解しているわけではありませんから、書き誤りにはとくに注意が必要です。

二年生の調査で、設問の表記を見て気づくことは、かなり交ぜ書きが減っていることです。しかし、ないわけではありません。「体いくかん」「ようふくをき古す」などがあります。これは、未習漢字は使わないという原則で表記しているからです。何とも嫌な表記です。

子供の交ぜ書きはどのようにして起こるのでしょうか。「学校へ行く」の場合、「行く」と書かせると書けるのに「学校へ行く」になると「学校へいく」になってしまうということがあります。この場合などは「学校へ」の「へ」という助詞にひっぱられて「いく」とかなになってしまうのではないかと思われますが、もう一つは、漢字を知らないために仕方なしにかな書きにする場合があります。

作文などのとき、「『およぐ』ってどう書くの?」「『でんしゃ』ってどんな字?」と聞きに来ます。「ひらがなで書いていいよ」と言うと不服そうな顔をして戻って行きます。配当漢字でなくとも、出来るだけ個人的に教えてやることは出来ないものでしょうか。

## ③ 三年生の書ける漢字と書けない漢字

### 三年生の書ける漢字 [正答率90%以上・出題三五四語中二八語(二七字)―7・9%]

❖暗―暗い部屋　❖界―世界一高い山　❖具―道具をそろえる
❖君―君たちの声がした　❖血―きず口から血が出る　❖皿―ガラスの皿にのせる
❖山―ふじ山にのぼる　❖子―様子を見る　❖事―仕事をする
❖式―にゅう学式の日　❖守―やくそくを守る　❖州―九州に行く

❖習—計算の練習をする
❖消—火を消す
❖世—世界一高いビル
❖豆—豆まきをする
❖分—五分おくれる
❖葉—木の葉をあつめる
❖所—はなれた所に住む
❖申—申しこみをする
❖昔—昔からの言いつたえ
❖道—道具をそろえる
❖面—地面に水をまく
❖消—消火きでけす
❖人—笛の名人
❖然—安全を考える
❖畑—畑になえをうえる
❖薬—薬をのんでねる

## 三年生の書けない漢字
［正答率50％以下・出題三五四語中三六語（二五字）—10・2％］

❖下—下校の時かん
❖宮—王宮の広場
❖後—後かいしてもおそい
❖仕—人に仕える
❖乗—白の乗用車
❖晴—晴天がつづく
❖着—船が港に着く
❖定—定員三十五名
❖農—農家の多い地方
❖寒—寒い冬の朝
❖区—区べつしてつかう
❖語—親子で語らう
❖次—父に取り次ぐ
❖進—医学の進歩
❖船—風船をとばす
❖調—きかいを調せつする
❖都—都合がわるい
❖波—今日は波がおだやかだ
❖岸—けしきのよい海岸
❖係—あとの言葉に係る
❖祭—神様を祭る
❖商—商店のならぶ道路
❖生—草が生える
❖着—シャツを二まい着る
❖直—正直なおじいさん
❖頭—先頭に立って歩く
❖売—商売でもうける

❖板—鉄板にのせてやく　❖鼻—ピノキオの鼻　❖放—池にめだかを放す
❖木—すずしい木かげで休む　❖命—命れいしてやらせる　❖明—夜が明ける
❖洋—赤い洋服を着た人　❖落—落書きをけす　❖旅—旅館にとまる

## 分析 読みの学習に伴う「書きの指導も重視」を

「読み」の習得率は学年が進んでも著しく低下することはないようですが、「書きの習得率は三年生から急速に下降し始める」というのは、定説になっているほど知られていることです。ここでも、まさしくその通りでした。

わたしにはこの原因を断定的に述べるだけの、資料の持ち合わせも力もありませんが、低学年では学習の対象となる漢字数がそんなに多くありませんし、学習する語句もほとんど日常生活の中にあるものです。ところが、中学年になってくると、漢字数は三年、四年とも二〇〇字ともっとも多くなりますし、一字一字の漢字とつなげて作られる熟語も多くなり、新字を学ぶことも増えてきます。そうしたことが原因の一つになっているのかもしれません。この調査でも三年、四年、五年と学年が進むにつれて、書きの習得率は下がっています。

漢字の指導を考える上では、読み方の指導、書き方の指導、意味の指導、漢字の構造・構成の指導、漢字の組み合わせの指導、使い方の指導といったように、指導しなければならない内容もたくさんありますし、配当漢字や学習漢字の数も増えてきますから、低学年の指導とはまた別の要素も加わってきます。そうしたところから指導時間がとれないとか、家庭での自学自習に任せるとか、いわゆる「手抜き指導」も影響してくるのかもしれません。

しかし、漢字の数が多くなるということと、漢字が覚えられないということとは、イコールではありません。

「木」と「林」との組み合わせで「森」になるとか、「林」と「示」との組み合わせで禁止の「禁」になるなど、すでに学習した漢字同士で組み立てられている漢字も学年が進むにつれてかなり増えてきます。

とくに会意文字や形声文字などの学習の仕方については、その学習法をきちんと教えてあれば、教師の細かな手立てがいらない漢字もたくさんあります。形声文字が多くなってきたからといって、すべての漢字の書き順を教えなければならないというものでもありません。

習った漢字をすぐに生活の中で使う機会も増えてきます。そうすれば、それだけで特別な反復練習をしなくても覚えてしまうということにもなりましょう。そう考えると、習った漢字をどう習得させるか、効果的な習得方法を提示してやるのも教師の役目でしょう。

読みの学習に伴う書きの指導も重視しなくてはなりませんが、同じ漢字や語句が、文脈が異なって何度も出てくれば字形も覚えます。そうした意味で、読ませることは大事ですが、今の教育体制では書く指導もしなくてはなりません。

その際、テストなどという形を考えるのではなく、違った意味での書く指導を並行させていく方法も工夫してもらいたいものです。

中学年の子供は、一語を漢字とかなで書くことが目立ってきます。問題文の中にも「命れい」「調せつ」など、たくさん出ています。習わない漢字ならともかく、読める漢字、書ける漢字なのに使わない場合があるのです。

扱う語彙はかなりの数になるのですが、それを漢字で書き表すことを知らないというか、習慣になっていないため、漢字のかな書きが多くなります。指導の上で注意が必要です。

中学年でも交ぜ書きが必要ならば、それなりに漢字だけで書ける語彙をはっきりと意識付けることが必要です。どのような言葉は漢字を使って書くのがよいのか、言葉の意識化という意味からも、熟語意識はきちんと持たせておくことが大切でしょう。

漢字とかなの交ぜ書きを調べてみると、次の三つのパターンがあります。
① 漢字の下にかながついているもの……友だち、海べ　など
② 漢字の上にかながついているもの……かん字、やき肉　など
③ 漢字の間にかながついているもの……交通せい理、日よう日　など
時には、意識的にこのような分類をさせてみることもよいでしょう。

子供は教科書に提出されている表記の中から、本来漢字で書かなければならない語彙を抜き出して、意識させる学習などは喜びます。こうしたことと並行して、自分の作文の漢字の使い方を反省させ、自ら字典（辞典）を活用するところまでもっていきたいものです。

# ④四年生の書ける漢字と書けない漢字

## 四年生の書ける漢字［正答率90％以上・出題三七〇語中一七語（一七字）―4・6％］

❖位―競争で三位になる
❖芽―植物が芽を出す
❖金―お金をわたす
❖自―自然を観察する
❖男―男女みんなで四十人
❖油―油を入れていためる
❖右―左右をよく見る
❖泣―悲しくて泣く
❖好―大好きな先生
❖色―十二色のクレヨン
❖働―工場で働く
❖利―これを使うと便利だ
❖億―今から十億年前
❖協―協力して仕上げる
❖左―左右をよく見る
❖正―正方形をかく
❖梅―松と梅をかざる

## 四年生の書けない漢字［正答率50％以下・出題三七〇語中六六語（六五字）―17・8％］

❖横―さばくを横だんする
❖貨―貨物船が通りすぎる
❖関―昔の関所のあと
❖起―起立、礼。
❖挙―事実を挙げて説明する
❖夏―初夏の日ざし
❖開―開会のあいさつ
❖願―入学の願書をもらう
❖旗―旗をふる
❖漁―大漁を喜ぶ
❖家―村はずれの一けん家
❖街―商店街に出かける
❖気―しめり気をもたせる
❖救―救急車のサイレン
❖共―共に喜ぶ

❖鏡―けんび鏡で見る
❖合―さるかに合戦
❖指―先生に指名される
❖秋―秋分の日
❖焼―魚を焼く
❖深―深海の魚
❖積―荷物を積む
❖待―客をしょう待する
❖代―兄と交代でかん病する
❖直―直ちに出発する
❖伝―なみだがほおを伝わる
❖投―野球の投手
❖特―今日は特に暑い
❖票―投票で決める
❖平―平等に分ける
❖有―有り合わせの物
❖浴―海水浴に出かける

❖広―広大な土地
❖散―花が散る
❖主―主な登場人物
❖祝―たん生日を祝う
❖象―印象に残る
❖親―親しい友だち
❖折―折を見て話す
❖帯―この辺り一帯の草
❖達―車の発達
❖定―ねらいを定める
❖徒―中学校の生徒
❖湯―熱湯で消毒する
❖博―博物館へ行く
❖付―付近の住民
❖脈―山脈の名を書き入れる
❖用―道具を用いる
❖緑―あざやかな新緑の山

❖航―太平洋を航海する
❖散―ごみを散らかす
❖取―取材をする
❖助―救助を求める
❖照―部屋の照明
❖成―数千の部品から成る
❖側―日本海側の地方
❖隊―おもちゃの兵隊
❖貯―貯金をする
❖田―田園地帯
❖冬―かえるが冬みんする
❖灯―海岸にある白い灯台
❖半―半ばあきらめる
❖文―食べ物を注文する
❖問―電話で問い合わせる
❖羊―羊毛のセーター
❖輪―手をつないで輪になる

## 分析 「辞書を活用させよ」、辞書は教材であり教具である

「書けない漢字」の中に「初夏の日ざし」とか「村はずれの一けん家」というのがありますが、四年生で「夏」（なつ）とか「家」（いえ）などが書けないのではありません。「夏」が「初夏」（カ）となり「家」が「一けん家」（や）となるから書けないのです。これらはいわゆる読み替え漢字ですから、それなりの新漢字として指導をしなくてはならないのですが、もうすでに「夏」も「家」も二年生で学習しているからと、気安く考えると、書けない、使えないということになりかねません。

教師がいちいち言わなくても、進んで学習するだろうなどと子供に期待してはいけないのです。何度も言うように、漢字は一字一字が言葉ですから、正しい言葉の使い方として、用例などまで指導の手を抜けないのです。その中で言葉広げの学習をさせるのです。

四年生の書ける漢字一七字のうち次の八字はいわゆる読み替え漢字です。それも一年生での初出漢字を見れば「みぎ・キン・ひだり・ただしい・おとこ」という読みで学習済みの漢字です。カッコ内の数字は初出学年、最下段の読みは四年生での読み替えです。

❖右（1・みぎ・ユウ）……左右をよく見る
❖金（1・キン・かね）……お金をわたす
❖左（1・ひだり・サ）……左右をよく見る
❖自（2・ジ・シ）……自然を観察する

❖色（2・イロ・ショク）……十二色のクレヨン
❖正（1・ただしい・セイ）…正方形をかく
❖男（1・おとこ・ダン）……男女みんなで四十人
❖油（3・ユ・あぶら）………油を入れていためる

これらの漢字を本当にテストしようと思ったのでしょうか。「四年生で書けるかどうか」などと調べること自体、不思議だと呆れるような漢字ばかりです。

四年生が書ける漢字の半分はこうした字だったわけです。書けて当然という漢字ばかりです。では書けなかった字はどんな漢字だったのでしょうか。次を見てください。カッコ内は数字が初出学年、その下は初出音訓を表します。

❖横（1・よこ）　❖夏（2・なつ）　❖家（2・いえ・カ、3・ケ）
❖開（3・ひらく・あける）　❖気（1・キ）　❖起（3・おきる）
❖広（2・ひろい）　❖合（2・あわせる）　❖指（3・ゆび・さす）
❖主（3・シュ）　❖取（3・とる）　❖秋（2・あき）
❖助（3・たすける）　❖深（3・ふかい）　❖親（2・シン）
❖待（3・まつ）　❖代（3・ダイ・かわり）　❖田（1・た）
❖冬（2・ふゆ）　❖投（3・なげる）　❖湯（3・ゆ）

❖半（2・はん）　❖文（1・ぶん）　❖平（3・たいら・ひら）

❖問（3・モン）　❖用（2・ヨウ）

六五字中でこの二六字が既習の漢字でした。これは読めない漢字の四〇％に当たります。三年生で「横の方をみる」は書けても、四年生で「さばくを横だんする」となると書けないとか、「夏休み」は二年生でも書けて「初夏の日ざし」となると四年生で書けないのですから、「横断」とか「初夏」という言葉が身についていない言葉なのでしょう。

漢字が書けないというより「言葉」が書けないのです。漢字指導より語彙指導の分野に問題あり、というところではないでしょうか。

学習指導要領には、中学年の指導で、

◆「読むために必要な文字や語句を増すこと」

◆「語句の意味を文脈にそって考えること」

などということが書かれていますが、辞書の利用を積極的に奨めることが必要でしょう。

辞書は国語学習には欠かせない教材であり教具です。単なる補助的な資料などではありません。教室でいつでも辞書を使わせるようにする、積極的に辞書を活用し、辞書というものが自分の学習にどんなに役立ち、便利なものかを実感させ、上手な利用の仕方を教えれば、辞書に親しみ、利用する態度と習慣がついてきます。辞書を引きながら文字を知る、語句を知る、文の意味を考えるといった自学自習の態度が身についてきます。わたしはデスクにも数冊、食卓の傍にも一冊は常に置いてあり、何かにつけてすぐに繰るようにしています。

こうしたことを言うと「よい辞書がない」とか「国語辞典と漢字辞典の二つを持たせなければならない」などと反論する教師がいます。「よい辞書がない」というのは本当でしょうか。そんなことはありません。帰宅時間の都合を付けて、書店に立ち寄ってみてください。現今は児童用に作られたよい辞書がいろいろと出ています。

漢字辞典でも低学年で使えるようなものさえあります。学年別になって、読み、成り立ち、構成、書き順、語彙などが学べるように編集してあるものさえあります。こうしたものは面白く学べるように工夫されています。漢字辞典にしても難しい部首索引などを使わずに漢字が探せるような工夫をしている辞典さえあります。

手前味噌になりますが『下村式・唱えて覚える漢字の本・学年別』『下村式・小学漢字学習辞典』『下村式・小学国語学習辞典』（以上は偕成社）『ドラえもんの歌って書ける小学漢字1006』『ドラえもんの歌って書けるひらがな・かたかな』（以上は小学館）などもあります。

ちなみに、この『下村式・小学漢字学習辞典』の中から、**【横】**という漢字を引いてみましょう。

親字の下には植物の部であることを示すシンボルマークがついていて、「横」の所属部は「木の部」であること、画数、学年、音読み、訓読み、名前の読みとあり、次に「成り立ち」、そして三段目と四段目に「口唱法」と「組み立て」、それらの左側が、肝心の「意味と熟語」になっています。「意味」は①「よこ」、②「わがまま・かって」と分かれ、①「よこ」の意味を持つ熟語には、横断、横転、横穴、横糸、横顔、横書き、横切る、横倒し、横丁、横綱……②「わがまま・かって」には、横行、横着、横柄、横暴、横領などが出ています。そして同じページに「言葉ミニ百科」として「横の意味のいろいろ」という囲み記事があり、下手の横好き、横板に雨だれ、横紙破り、横車を押す、横に出る、横やりを入れる、横を向くなど、慣用句とその意味、そして使い方まで出ています。辞書としても読み物としても子供に親しまれる造りです。

また「国語辞典と漢字辞典の二つを持たせなければならない」ということが、そんなに問題になることでしょうか。わたしは驚いてしまいます。持たせればいいではありませんか。日本にいて日本語で生活するには国語辞典、漢字辞典の活用は必須条件です。子供でも辞典なくして、より質の高い学習や指導は望めないのではないでしょうか。

「国語辞典と漢字辞典の二つを持つ」ことが学習に大きくプラスになり、子供のやる気を引き出すことにもなるならば、積極的に活用し、自分の学習に役立てることを教え、辞書に親しみ利用する態度と習慣をつけることを教えるのは、教師の役割の一つではないでしょうか。いまどき辞書を活用させないような教師がいるとも思えませんが、このような言葉が出るとは情けないことです。

わたしが講演会などでよく聞く言葉は、自分が使うのに、どんな辞書がよいか、子供にはどんな辞書を推薦すればよいか、それを知らないという教師です。そのため、語彙数の多いのがよい辞典だといったり、活字の大きいのがよいといったり、また、教師のサゼッションが信用できないといってボヤく親もいます。父母は教師の力量を見抜いているのです。辞書は子供にとっての教材であり教具だという立場で考えたいものです。

## ⑤五年生の書ける漢字と書けない漢字

### 五年生の書ける漢字［正答率90%以上・出題三六一語中一一語（一一字）─3・0%］

❖河─海のように広い河
❖犬─名犬ラッシー
❖止─雨のため中止する
❖枝─小鳥が枝に止まる
❖生─生たまご
❖素─酸素が不足する
❖馬─馬車に乗る
❖仏─東大寺の大仏
❖保─自然を保護する
❖味─作品を味わう
❖林─森林の多い国

### 五年生の書けない漢字［正答率50%以下・出題三六一語中七四語（七三字）─20・5%］

❖衛─衛生に気をつける
❖易─易しい問題
❖益─利益を上げる

❖河―河口の港
❖記―えん筆で記す
❖旗―国旗をかかげる
❖経―年月を経る
❖護―野鳥を保護する
❖妻―キュリー夫妻の研究
❖細―細心の注意をはらう
❖持―友人の考えを支持する
❖色―あざやかな色さい
❖省―あとは省略する
❖製―食品の製造工場
❖設―会場を設ける
❖説―人を説きふせる
❖率―仲間を率いる
❖定―案の定、弟がやって来た
❖刀―長い日本刀
❖比―日本と中国を対比する

❖快―雲ひとつない快晴
❖寄―お金を寄付する
❖求―要求を通す
❖券―入場券を買う
❖考―参考書で調べる
❖採―山できのこを採る
❖志―少年よ大志を抱け
❖述―主語と述語
❖織―ぬのを織る
❖勢―体勢を整える
❖赤―赤十字の旗
❖雪―真っ白な新雪
❖測―土地を測量する
❖損―大きな損害を受ける
❖程―千円程度のね上げ
❖敗―五対一で敗れる
❖悲―悲鳴を上げる

❖顔―童顔の大人
❖喜―名高い喜げき役者
❖経―経験を語る
❖固―本箱を固定する
❖構―敵を見つけて身構える
❖祭―祭日は学校が休みだ
❖試―新しい製法を試みる
❖序―順序よくならべる
❖制―速さを制限する
❖精―仕事に精を出す
❖設―建設工事
❖節―節をつけて歌う
❖測―深さを測る
❖注―田に水を注ぐ
❖笛―汽笛がなる
❖梅―梅雨前線
❖備―消火器を備える

❖俵―土俵に上る
❖富―石炭の豊富な国
❖分―分厚い本を読む
❖本―ものごとの本を正す
❖綿―たんぽぽの綿毛
❖浴―海水浴に出かける
❖連―車を連ねて出かける
❖評―評判のよい店
❖風―風上ににげる
❖編―文集の編集をする
❖鳴―悲鳴を上げる
❖余―百円余る
❖留―メモ用紙に書き留める
❖練―作戦を練る
❖付―付近の住民
❖複―複雑な仕組み
❖便―便りがとどく
❖綿―綿密な計画を立てる
❖預―荷物を預ける
❖冷―冷やあせをかく

**分析　同訓異字や同音異字の「書き分け・使い分け」を**

五年生の「読める漢字」のうち、「河」（海のように広い河）、「素」（酸素が不足する）、「仏」（東大寺の大仏）、「保」（自然を保護する）の四字以外は五年生以前の既習漢字です。「犬」も「止」も「林」も「生」も一、二年で習った漢字です。「名犬」「中止」「馬車」「森林」などは書けて当たり前。

初出文字で書けたのが四字だけというのが情けない結果です。

五年生になると、中学年に比べて語彙量がずっと増大します。そのためにかなで書いてしまい、その語彙を書き表す漢字を予想しないで書き進めるということが起こります。

高学年の子供たちの書いた作文をみると、大人っぽい言葉遣いをしてはいますが、それをどう漢字で書き表すかまでは知らないといったように思えます。自分で辞書に当たろうともしないのでしょう。

自分の使っている語彙が漢語であるといった意識もないのかもしれません。「綿密な計画」「複雑な仕組み」などは使いこなしているようですが、いざ表記となると、それを漢字で書き表すことが出来ません。「経験を語る」は書けても、「年月を経る」は書けないといったことも起こります。

自分たちの生活語、日常使っている言葉は書く機会も多いと思われます。「経験を語る」と「年月を経る」でいえば、「経験」は自分の言語生活に近い言葉、すなわち自分の言語として生きている言葉ですが、「年月を経る」という言葉は使わない言葉です。というより「書き言葉」だといってよいでしょう。

五年生になっても、読みもの、いわゆる本などで見る読み言葉としてしか見ていません。身についた言葉ではないのです。

「失敗」は書けても「敗れる」は書けない、そして誤答例は「破れる」となってしまいます。また、「準備」は書けても「消火器を備える」は書けない、しかも「供える」と間違うといった状態です。

これらのことからいえることは、**【漢字には意味がある】**ということを理解していないことです。一つひとつの漢字の意味をしっかりと覚えていないのです。

「敗れる」と「破れる」の違い、「備える」と「供える」の違い、同訓異字や同音異字の漢字（熟語）についてはしっかりと書き分けるようにさせる指導、これは、指導者にとってのイロハであり、鉄則です。そうしたことが出来ていないのです。その結果、漢字を当て字のように使ってしまうのです。こうした現象は一年生で多くみられます。

五年生でも「余」の正答率は、「余分なことをいう」で二五・四％、「百円余る」は四三・五％です。そして「余分なことをいう」の誤答例が「予分」、「百円余る」の方は「除」だというのです。「余」と「予」は「オン」が同じだけで、それぞれの意味は別ですし、「余」と「除」は部分が似ているだけで、確かな覚え方をしていないということでしょう。

やはり、というべきか、五年生になると、漢字指導・漢字学習の欠陥がそっくりそのまま表れてきています。低学年・中学年で表れた欠陥が集大成として高学年で出てきているわけで、特に五年生の特徴、六年生の特徴として目ぼしいものはありません。

小学校最後の段階、小学校の仕上げの段階だと思って、注意深く指導しなければならないでしょう。

五年生の調査結果を一口で印象的に言うと、「ひどいなあ」という印象です。

# ⑥ 六年生の書ける漢字と書けない漢字

## 六年生の書ける漢字　［正答率90%以上・出題三九七語中一八語（一六字）―4・5%］

❖位―百と千の位　❖一―一方通行　❖学―音楽を学ぶ

❖吸―呼吸が速い　❖供―子供たちの声　❖穴―穴から出てきた虫

❖古―古代の都　❖呼―呼吸が速い　❖呼―名前を呼ぶ

❖皇―天皇誕生日　❖砂―砂糖を入れる　❖砂―砂を落とす

❖私―私たちも行く　❖頭―頭痛で学校を休む　❖二―薬を二つぶ飲む

❖班―班ごとに分かれる　❖宝―宝にしている物　❖忘―忘れ物をとどける

## 六年生の書けない漢字　［正答率50%以下・出題三九七語中一二八語（一一二字）―32・2%］

❖異―異国の港に着く　❖遺―古代の遺せき　❖引―ことわざを引用する

❖雲―夏の積乱雲　❖永―永いねむりにつく　❖映―目に映る景色

❖営―県営のグランド　❖延―生き延びる　❖延―救いの手を差し伸べる

❖沿―日本海の沿岸　❖革―社会を改革する　❖干―干害による害

❖巻―十二巻からなる書物　❖看―優しい看護士さん　❖寒―寒冷な気候

❖幹―大きな木の幹
❖疑―疑いを晴らす
❖金―寺院の金堂を見学する
❖筋―首筋をのばす
❖軽―軽快に飛びこす
❖戸―戸外で遊ぶ
❖降―降水量を調べる
❖困―困難な仕事
❖蚕―養蚕の盛んな村
❖姿―よい姿勢になる
❖治―国を治める
❖収―勝利を収める
❖就―会社に就職する
❖従―規則に従う
❖縮―セーターが縮む
❖処―落とし物を処分する
❖聖―聖書を読む

❖丸―全員一丸となる
❖供―情報を提供する
❖勤―九州へ転勤する
❖計―時間を計る
❖厳―厳重に注意する
❖誤―誤りを見つける
❖構―敵を見つけて身構える
❖済―世界の経済
❖至―至急の知らせ
❖視―鋭い視線
❖社―村外れの社
❖宗―宗教を広める
❖衆―公衆電話
❖縦―飛行機を操縦する
❖縮―葉の縮れた草
❖障―車が故障する
❖誠―誠実な人がら

❖危―危ない目にあう
❖郷―郷土を大切にする
❖勤―会社に勤める
❖計―いいように計らう
❖厳―厳しい自然
❖后―皇后陛下
❖鋼―鋼鉄のような体
❖刷―版画を刷る
❖私―私的な用で出かける
❖治―地方自治の考え方
❖借―借用書を渡す
❖修―学問を修める
❖従―仕事に従事する
❖宿―木に宿る鳥たち
❖純―単純な仕事
❖推―日数を推測する
❖宣―宣伝をする

❖専—専門家の言葉
❖早—うすら寒い早春
❖創—詩を創作する
❖尊—先人を尊敬する
❖尊—町の人々から尊《たっと》ばれる
❖帯—赤みを帯びたトマト
❖探—南極の探検
❖頂—珍しいものを頂く
❖展—急に発展した町
❖党—いろいろな政党
❖納—商品を納入する
❖派—党派別に着席する
❖否—意見を否定する
❖氷—南極の氷山
❖富—才能に富む
❖陛—皇后陛下
❖棒—棒グラフに表す

❖善—善悪を区別する
❖奏—演奏会に出る
❖装—服装を整える
❖尊—仏様の尊《たっと》い姿
❖尊—村の人々から尊《とうと》ばれる
❖帯—着物の帯を締める
❖暖—暖かい日だまり
❖潮—会社の風潮
❖努—勉強に努める
❖読—祖父は読本で勉強した
❖納—月謝を納める
❖拝—お手紙拝見しました
❖批—作品を批評する
❖父—父母の故郷
❖腹—山の中腹で休む
❖補—説明を補足する
❖幕—幕府を開く

❖善—善い行いをほめる
❖窓—車窓から見る景色
❖蔵—冷蔵庫にしまう
❖尊—仏様の尊《とうと》い姿
❖退—意見を退ける
❖代—千代紙を折る
❖暖—部屋が暖まる
❖賃—電車賃をはらう
❖討—みんなで討議する
❖読—句読点を打つ
❖脳—大脳の働きを知る
❖判—評判のよい本
❖肥—作物に肥やしをやる
❖負—重い荷物を背負う
❖奮—勇気を奮う
❖亡—外国に亡命する
❖明—明晩うかがいます

❖盟―外国と同盟を結ぶ　　❖問―問屋から仕入れる　　❖郵―郵便物の料金
❖欲―欲の深い男　　❖翌―翌日の予定　　❖乱―乱雑な部屋
❖覧―観覧車に乗る　　❖裏―学校の裏の建物　　❖量―石の重さを量る
❖路―家路を急ぐ　　❖朗―明朗な人

## 分析 熟語一字一字の「意味を的確に知らしめる」

六年生では交ぜ書き表記が目にあまるというほどではなくなりました。そのかわり「書けない漢字」は三二％強もあります。そして「書ける漢字」が四・五％、これは五年生に次いでワースト二位です。なぜ、こんなに書けないのでしょうか。

六年もの間、へんてこりんな交ぜ書き表記に慣らされてきた報いです。やはり、わたしはこの交ぜ書き表記の推進は、教科書の機械的な読み書き同時学習と共に、日本語教育にとって大きなマイナスだったと思います。

学校教育（小・中・高校）で扱える漢字は、常用漢字の範囲内ということになっている以上、目安とはいいながら、それ以外の漢字を教えられていないのですから、制限されていることに変わりはありません。

いまだに家庭連絡などの文書を作るに際して「コドモ」の表記は「子ども」と「子供」、どちらが正しいのか、などと議論しあっている教師たちがいるという話を聞いたことがあります。こうした混乱のもとは常用漢字・教育漢字の告示と用字・用語の混乱、変更などによることが大きいのだと思います。確かに「コドモ」は【子ども】と表記するのだといわれた時代がありました。ばかげたことを決めて告示し、変更したものだと思います。

常用漢字「内」であろうと、「外」であろうと、見慣れ、使い慣れている字は覚えやすいし、抵抗もないのです。

一般の人の文字使用は、漢字使用の目安などという枠を超越して行われています。町を歩けば「卵」を「玉子」と書き、「ラーメン」を「拉麺」と書いている店先や暖簾はあちらこちらで見かけられます。そうしてだれもがきちんとその言葉の意味を知っているのです。そのうち「スイカ」を「水瓜」と書くようになるでしょう。それで通用していってしまうのです（これがよいといっているのではありません、実情をいうのです）。

常用漢字に入っていない「藤岡」などという地名や苗字を読めない人はいないくらいです。また、「午」は「午前・午後」しか小学校では使わない熟語ですが、それなのに二年生で読み書き共に九四・五%になっています。読める、読めないは、日常生活の中で目に触れる機会、使用する頻度がどれだけ多いかということにかかわることです。

教育漢字の「后」などという字は小学校六年間でたった一度しか出てこないといいます。「陛」も子供たちが使う機会がありません。してみると、これらの字が読めない、書けないは、その漢字や熟語の出現度とのかかわりが大きいことがわかります。この一事から、「読める・読めない」「知っている・知らない」とは、どういうことによるか、その原因がわかろうというものです。

すでに述べたことですが、この調査での設問表記法をみて、もっとも驚いたのは交ぜ書き表記でした。「危険な場所」を「き険な場所」「郵便局」を「ゆうびん局」「うちゅう飛行士」「あざやかな色さい」「牛にゅうをのむ」など、こうした表記は枚挙に暇がないほどでした。これでは日本語を覚えよ、語彙広げをせよ、豊かな日本語教育をせよなどと叫んでも、実効は期待できないでしょう。

わが国には正書法がないと言いますが、せめて、日本語としての語彙の中で、漢字で書くべき言葉は漢字で表記したいものです。そのために「ルビ」を推奨するのです。とくに子供の読みものに子供の能力を大幅に超越した難語句などが使用されることは考えられません。ルビ使用によって日本語の表記も見た目にも美しくなるでしょう。

今、家庭やオフィスなどの設置電話より台数が多いといわれている携帯電話ですが、その携帯電話が子供も含めて「ケータイ」というかな表記が主流になりました。「携帯」が「携」(たずさえる・身近に持つ)、「帯」(おびる・身につける・持つ)という意味の漢字を合わせた熟語であり、だから「携帯」は「身につけたり、手に持ったりしていること」であり、「所持」という概念の中に包括される言葉だと意識してこの言葉を使っている人と、ただ

「ケータイ」という「オン言葉」（名詞）として使っているのとでは、読み書きの力をつける上で雲泥の差が出るでしょう。

たったこれだけの知識で、「学生証を携帯する」とか「携帯電話」などというのだということ、さらには「携行」という熟語にまで知識が広がり、「携行」は「身近に持つ・行く」だから「持っていくこと」ということまでわかり、「雨具を携行する」といった使い方まで含めて語彙が広がります。

目安は目安として、それは公文書・公用文の範囲内で使えばよいことであり、押しつけることではありません。「一般国民の漢字使用の目安だ」などと、言ってもらいたくないものです。また、教科書でも「習わない漢字は使わない」などと決めてもらいたくないものです。新聞でさえ「拉致」「更迭」などの用語を、ほかに置き換える言葉もなく、ルビを活用してそのまま使ったではありませんか。そうせざるを得ないのですから、堂々とルビつきで使えばよいのです。

漢字表記の方が理解してもらいやすいと思う漢字は、どんどん、ルビ付きで使うのがよいのです。「制限」とか、「使用の目安」などといって、嫌らしい交ぜ書きにしたり、使用漢字の字種を決めて、子供や国民を縛ることはないと思うのですが、こうした考え方は過激すぎるのでしょうか。

## ⑦書けない漢字のまとめと考察

「書ける漢字」「書けない漢字」の正答率については、これまでのそれぞれの学年の各部分で分析してきました。

＜正答率九〇％以上の語数＞

◆一年生……六六・四％
◆二年生……三五・五％
◆三年生……七・九％
◆四年生……四・六％
◆五年生……三・〇％
◆六年生……四・五％

＜正答率五〇％以下の語数＞

◆〇％
◆一・九％
◆〇・二％
◆一七・三％
◆二〇・五％
◆三二・二％

この調査を分析してみて思ったことは数々あり、たいへん勉強になりました。子供に漢字を教える場合、教える側が「こうしたことにも注意しながら指導しなければいけないなあ」と思うこともいろいろありました。

その中のいくつかを、最後に列挙してみましょう。

◆漢字はひらがなやカタカナと違い、表意文字であり、表語文字であるということ。したがって、書き方ばかりでなく、意味や使い方などをマスターさせることが大事だし、ひらがなやカタカナを教えるのと同じような教え方ではいけないということ。

◆漢字には音読みと訓読みがあり、文章によって使い分けられていること。ことに低学年では表記法の訓練を積むこと（漢数字の音訓の違いによる読み書きの正答率の低さなどはそのよい例です）。

◆音読みの言葉も訓読みの言葉も、すべて日本の言葉であり、それらの意味概念をはっきりと認識させる教え方をすること（「空」は「そら」であり「あく・あける」であり「クウ・から」であるなど）。

◆漢字にはその漢字一字で書き表すことの出来る漢字と、送りがなを伴う書き表し方をするものがあること。そして送りがなのつけ方にも気を配ること（「足」「足りる」など）。

◆低学年から常に字典を積極的に活用し、自分の学習に役立てることを教え、辞書に親しみ利用する態度と習慣をつけること。辞書は漢字学習の補助資料ではない。

◆同音異字・同訓異字があることを理解させ、きちんと書き分け、使い分けが出来るようにさせること（「円い形の葉っぱ」を「丸い」としたり、「映画を見る」を「英画」とするなどのミスが多い）。

◆漢字は語（ワード）であり、その漢字を使った熟語、類義語などとともに、反対語などを考えることによって、その漢字についての特徴をよく理解させること。
◆漢字の役割を理解させ、文章の中に積極的に取り入れさせること（「ふたえにまげてくびにかける……」は、「二重に曲げ手首に……」なのか「二重に曲げて首に……」なのか等、種々な観点から漢字のよさ・優位性を認識させる）。
◆漢字で書ける熟語を知り、できるだけ交ぜ書きでなく、漢字の熟語として書くようにさせること（交ぜ書きはみっともないし、正しい日本語の表記でないことを知らせ、きちんとした熟語として言葉を生かすことを学ばせる）。
◆誤字、脱字、使い間違いなどを自分で見つけ、自分で直すことが出来るようにさせる。そのためには辞書の活用はもちろんのこと、語彙広げを積極的にさせること。たくさんの書物を読ませること。日常、漢語を意識して使わせること。

〔お断り〕

本書内の漢字についての読み書きの正答率の基幹を成しているものは、二〇〇五年一月に主要新聞及びテレビ各社などを通して発表された『教育漢字の読み・書きの習得に関する調査と研究』（財団法人・総合初等教育研究所二〇〇五年一月発行）と、同研究所がそれ以前に実施した二回の調査結果によります。

「教育漢字の読み・書きの習得に関する調査」は、全国の小学校二年生から中学校二年生、一四五六二名を調査対象にして、二〇〇三年五月から六月に実施したものだそうです。この調査の正答率をもとに、独自のボーダーライン（「読める漢字」の正答率九九％以上、「読めない漢字」の正答率五〇％以下、「書ける漢字」の正答率九〇％以上、「書けない漢字」の正答率五〇％以下）を設定・抽出し、学年別に集計し直して、その結果をもとに漢字指導のあり方についての考察を行ったものです。

同研究所の快諾を得て本書で調査結果の一部を使用させていただきました。この場をお借りしてお礼を申し上げます。

（著者）

**下村 昇（しもむら・のぼる）**

1933年東京都に生まれる。東京学芸大学国語科卒業。東京都の公立小学校教員となり、漢字・カタカナ・ひらがな・数字の「唱えて覚える口唱法」を提唱。東京都立教育研究所調査研究員、国立教育研究所学習開発研究員、全国漢字漢文研究会理事などを歴任する。現在、「現代子供と教育研究所」所長。独自の「下村式」理論で数々の辞書や教育書、副読本などを執筆。著書は100点以上に及ぶが、中でもシリーズ『下村式・唱えて覚える漢字の本』（学年別、偕成社）は刊行以来400万部を突破している。

ホームページ　http://www.n-shimomura.com/



下村 昇の漢字ワールド 4

**生きている漢字・死んでいる漢字**

●二〇〇六年　三　月一〇日――――第　一　刷発行

著　者／下村　昇

発行所／株式会社　高文研

東京都千代田区猿楽町二―一―八

三恵ビル（〒一〇一＝〇〇六四）

電話　03＝3295＝3415

振替　00160＝6＝18956

http://www.koubunken.co.jp/

本文レイアウト・DTP／㈱キャデック

装丁／井上　登志子

印刷・製本／三省堂印刷株式会社

★万一、乱丁・落丁があったときは、送料当方負担でお取りかえいたします。

ISBN4-87498-358-8 C0037

# 植物のかたちからできた漢字

## 木からできた漢字

根を張り枝を広げてたつ木のかたち

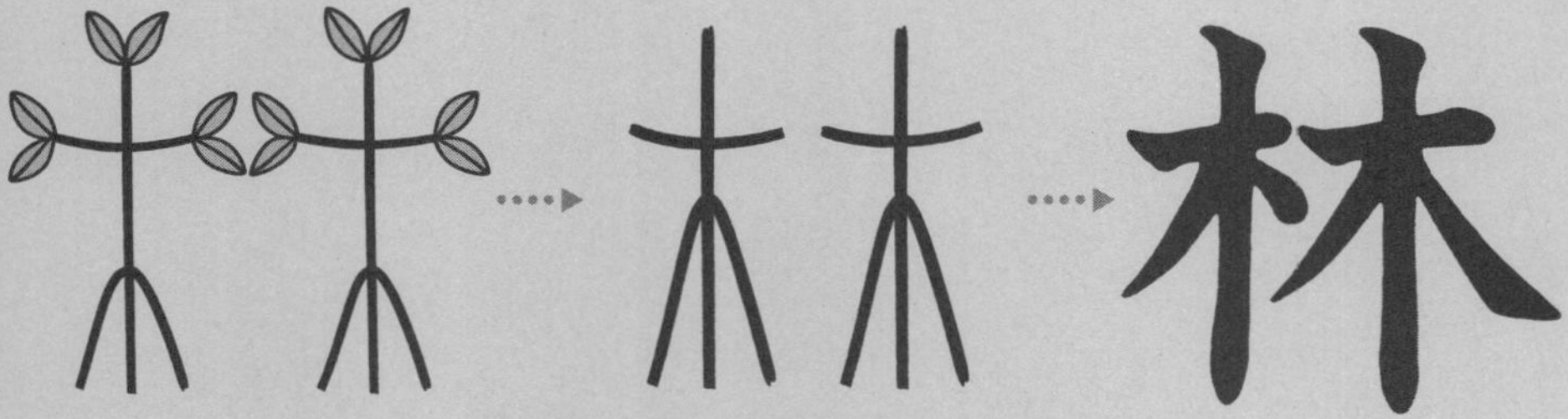

木がならんではえているかたち

木がかさなってはえているかたち

「木」と「才」とで「これから役にたつ木」の意味